JN214368

剣道　昇段への道筋　上巻

剣道　昇段への道筋　上巻　目次

一、自分の持っている100パーセントの技術で打突する

二、『五輪の書』から我慢することの大切さを学んだ

三、試合で「先の気」と「懸かる気」を錬った

「自分の持っている100パーセントの技術で打突をする」

こだわりの武道具店主がこだわりで臨んだ八段審査

001

平野勝則（東京都・武道具店経営）

ひらの・まさのり／昭和25年熊本県生まれ。鎮西高から拓殖大に進み、卒業後、武道具店を開く。小山朝英、故西山泰弘、故半田利一郎各先生に師事する。主な戦績として、関東学生新人戦優勝、全日本学生優勝大会出場などがある。平成19年11月八段合格

私は52歳から八段審査を受けはじめました。それから5年、10回目の挑戦で合格することができました。一週間の生活のサイクルを考えると、実際に剣道具をつけて稽古ができるのは週3回程度。時間も回数も増やせないので、いくつかのこだわりを持って稽古に臨むことにしました。いま自分の置かれた環境のなかで、最大限の努力と工夫していこうと考えました。

甲手へのこだわり打突力アップにつながった

私は剣道具をつくるなかで、着けていても着けている感じのしないものを理想としています。そのなかでもとくにこだわっているのが甲手です。甲手は剣道の上達具合に大きく影響してきます。握ったとき、いかに甲手と竹刀が一体になれるかで、打突力に差が生まれてきます。自分に合った靴を履いている、洋服を着ているようなフィット感を目指しています。

物はつかむと重く感じますが、同じ物でも乗せるようにすると意外に軽く感じるものです。試行錯誤の末、甲手を着けて竹刀を握ったときに乗せる感覚を得るには、親指がしっかりと入り、その親指を中指に合わせるような握りにすればいいことに気づきました。中指が詰まり過ぎず余り過ぎずピッタリくるようにし、親指はグッと入れ込めなければなりませんが、指先はわずか爪の先分ぐらい余らせるようにします。わずかに余らせることで、突き指などのケガの防止になるからです。親指にこだわるのは、親指をしっかり使うことができれば、竹刀のブレがなくなり打突の強さも増すからです。

さらに甲手の手首の部分にも気をつかいました。手首の長さや毛詰めなどを工夫して、手首を起こす動きだけでなく、打ち込んだときにしっかりと手首が入り、かつスムーズに動くように考えました。実際、軽い感じで握ることができれば、無駄な力が入りませんから相手をよく見ることもできますし、打突したときには手の内の緩急強弱をスムーズに行なうことができます。力が逃げることなく、物打ちにそのまま力を伝えられるので冴えが生まれ、打突力がついてきたことを実感できました。

001　平野勝則

人によって手の大きさや握り方、力の入れ具合などは違いますが、お客様の要望を聞いて、それぞれの人が一番使いやすいように調整を重ねます。お客様が満足してもらえる剣道具をつくることが、剣道に充分に親しんでもらえる要素だと考えているからです。

こういった甲手づくりへのこだわりが、打突の強化につながりました。

出ばなへのこだわり
少年用の竹刀を使って寸止めで打つ

私の稽古スケジュールは水曜日が大手町の国税局、木曜日は豊島区雑司が谷体育館での少年指導と豊島区剣道連盟の稽古会、金曜日は池袋の小学校で少年指導というものです。

木曜日の豊島区剣道連盟の稽古会では、名誉会長の斎藤泰二先生などからご指導を受けています。先生方に攻め負けないように、自分の攻めも強くしなければいけないと思って掛かっていくのですが、攻め勝つことは容易ではありません。稽古のなかでは、相手に攻め勝つには決して気持ちで負けてはいけないということを教えていただきました。

少年指導からも学ぶことが多くありました。子どもたちを教えるには、模範を示す指導者が正しく実践できなければいけないということを強く感じさせられましたし、基本を確認する上でも役に立ちました。

私は子どもと稽古をするときは、子どもと同じ竹刀（3尺4寸）を使います。私が面を着けたときは打ち込みがほとんどですが、つねに先をかけて構えるようにしています。そして頃合いを見ながら出ばなを打つようにしています。子どもだからといって気を抜いた稽古はしないように心掛けています。

少年用の竹刀で打突するときは、打突部位に当たる寸前に止めるようにしています。大人とやるときと同じように打つと、子どもは大きな衝撃を感じるからです。軽くて速く振ることができるため、当てにいきがちになるのを戒める意味合いもあります。この打ち方で冴えを生むには手の内の作用が重要になるのでその訓練にもなりました。また、子どもはよく動くので、きちんと間合をとってあげないとしっかりと打ち込んでこられませんし、私自身も打てません。動きの中で打ち間をとるためには、素早い足さばきが必要ですが、足さばきの体得にも役立ったと思います。

連盟の稽古日には、みんなが帰ってから一人残って鏡の前で稽古をします。道場にある鏡は大きいので、店の鏡ではできないことがチェックできるからです。時間にすると20分ほどですが、私にとって大切な時間です。やり方は店で行なっている方法と同じですが、実戦を想定してもっと「勢い」をつけます。正面からは目線が一定か、剣先が中心から外れていないか、刃筋は大丈夫かなどを確認します。店ではできない側面からのチェックは、腰の水平移動や左足の引きつけなどを見て修正します。

素振りへのこだわり 理に適った動作を身につける

八段審査に向けて本格的に取り組むにあたり、基本を一から見直したとき、素振りの大切さを改めて感じました。ある先生に「左手が開いています。それでは鋭さや冴えが生まれません。正中線を外さずに振り、きめるとき手首を入れてみなさい」と指摘されました。それまでは、自分では正しい素振りを行なっていたつもりでしたが、そうではなかったのです。正しくないものをいくらやっても上達しません。正しいものを毎日10回やったほうが効果は上がります。

私の場合は、左手が中心から外れていた上に、振り下ろしたときに手が縮み、手首が立っていました。要するに、理に適った素振りではなかったのです。「振り降ろした時には左手が右手にあたるぐらいの意識です」というアドバイスも受けました。

店の鏡の前で一人稽古をするときも、アドバイスを意識して素振りをしましたが、普通の竹刀や木刀だと天井にあたるため特製の木刀で行ないました。警視流の木刀を改良したもので、長さは3尺2寸5分（約98センチ）です。以前は何種類かの木刀を使っていましたが、今はこれ一本でやっています。人にもよると思いますが、自分で一番振りやすく疲れない木刀や竹刀で行なうほうが無理なくできますし、剣先に気持ちが乗ると思います。そして、毎日続けていくことが大事でしょう。

素振りのあとは、中段に構えて踏み込みの練習を行ないました。腰からの始動と、剣先が中心を割っているかをチェックするためです。床はコンクリートですから、ドンと強く踏み込むと足を痛めてしまうので、左足を軸にして右足は床面をなめるような感じで踏み込みます。これを何回かくり返したあと、半歩攻め込んで振りの小さい打突をします。このとき剣先をギリギリまで上げずに中心を割っていくイメージを持ちながら、打突する瞬間、丹田と左足に溜めていた力を爆発させます。左足に溜めをつくるには、ひかがみが伸びきっていても曲がりすぎていてもいけません。ひかがみには適度な緊張感が必要です。

蹲踞へのこだわり
気を丹田から逃がさず対峙する

実際の稽古でとくに心掛けたことは、蹲踞から立ち上がって相手と構え合うまでの間も、気を丹田から逃がさないということでした。それができなければ、攻め勝って打突することは不可能だからです。あらためて自分が構え合うまでの動きを検証してみると、礼をして進み出て蹲踞するまでは気の充実が感じられるのに、立ち上がった瞬間には気が抜けてしまい相手に先を取られるケースが多くありました。蹲踞をしたときに腹の力が抜けてしまい、立ち上がって構えてからまた気を充実させようとしていたことに気づいたのです。

そこで、蹲踞から立ち上がるときに息を吐き切り、そこから素早く吸ってもう一回吐き切るように心がけると、気が丹田から逃げなくなりました。このとき、もう一つ注意したのが間合です。近くなるとすぐ打ち間に入ってしまうので、相手より少し遅れて蹲踞し、遠間からはじめられるように意識しました。気が丹田に収まり怖さを感じることなく相手と対峙できるようになったので、その後は次の3点を心に留めて実践してきました。

1、正しい攻め合いができているか
2、打つべき機会に打突ができているか
3、正しい構えを維持できているか

1年ほど前、八段の先生に「一足一刀の間合から、さらに入ったところで打たないといけない」というご指導をいただきました。さらにとは、もう半歩入る勇気を持ち、溜めをつくって相手を崩して打つことだと自分なりに理解して稽古に励みました。半歩攻めるとき、私の場合は相手の竹刀につけておいた剣先を竹刀の身幅分、スッともたれるようにして間合を詰めます。足は右足だけわずかに動かし、左足には溜めをつくっておきます。相手が動けばその出ばなを打ち、動かなければ自分から打ち込みます。この打つか打たれるかのギリギリの間合での攻防を意識した稽古は、動じない肚をつくることや出ばなを打つ訓練に役立ちました。

この攻めをやりはじめてから、打突への意識も変わりました。当てることと残心への気持ちが先走りし、１００％の力を出し切って打っていなかったことに気づかされたのです。当たる当たらないは考えず、とにかく身体全体を使ってしっかりと打ち切り、その余韻で残心をとろうと思い直しました。攻め打ちができるようになってきて、突破力がついてきた実感があります。

仕事場でのこだわり
気の充実を意識した環境をつくる

八段の一次審査に合格した後、ある八段の先生から一つの言葉をいただきました。「平野君、合格に向かってしっかり取り組んでみたら」と。その言葉は、八段合格を漠然としか考えていなかった自分にとって、合格を現実にするための大切な言葉でした。それからの毎日は、つねに頭の中で合格するための剣道をイメージすることを忘れませんでした。

日常生活でとくに心がけたのは、攻めることのイメージトレーニングでした。それまでに一次審査合格を二度経験しましたが、二次審査では一次審査で経験したことのなかった、攻め込むことに恐怖感を感じている自分がいることに気づかされたからです。一次審査のときは攻めが通じたのに、二次審査では通じない。攻め込まなければいけないという気持ちが焦りになり、気が外に逃げていました。そのため、攻めを相手に伝えることができなかったのです。要するに、攻めている状態というのはつねに気が臍下丹田に収まっていることだと実感し、その訓練を行なうことにしました。

朝、自宅近くの飛鳥山公園へ犬の散歩に行った際、新鮮な空気を思い切り吸いながら、気を集中させます。そんなときも、相手と対峙し先をかけて攻めているイメージを持つことを忘れないように心掛けました。仕事中、時間があるときは、音楽を聴きながらダンベル体操やストレッチをします。また、一日数回は店の中にある鏡の前に短い木刀を持って立ち、構えのチェック、素振り、踏み込みなどを攻めの気持ちで行なうように努めました。

そうした取り組みから、攻めはいかに力みをなくした状態から生まれるものだということを感じるようになりました。

また、学生時代から続けていることですが、毎夜今日一日感じたこと、気づいたこと、アドバイスを受けたことなどをノートにメモし、頭に入れるようにしています。書くことで心が浄化されたような気持ちになり、前向きに取り組めるようになるからです。たとえば「不合格　上をめざせ」と書いたときは、落ちたことを悔やまず、不合格だったから上をめざせる喜びがある、もっと強くなれるという意識をもって、次からの稽古に臨むことができました。

剣道ノートには年の初めに目標を書き、できたことにマルをつけていくようにしています。同じ言葉や意味が何回も出てきますが、それだけ大事なことであり、クリアしなければ目標に近づけませんし、クリアした達成感でまたやる気も出てくるからです。

読み返すことで、そのときの状況を思い出すこともでき、新たな発見や問題解決に役立ったこともありました。

そしてもう一つ、私の仕事上、一流の選手や先生とのおつき合いがあり、その方々の剣道に対する気持ち、心持ち、稽古を目の当たりにできた環境が、本物を見極める力になって合格への道に導いてくれたと思います。

幸いにも10回目の受審で合格させていただきましたが、結果的には打つことよりも、打つ前の攻めることを重視したのが良かったと思います。剣道の原点は攻めです。攻めの気持ちをこれからも忘れずに、日々の生活と稽古に努めていきたいと思います。

長所と短所を知る　ノートに書きとめ微調整をくり返した

002

石田利也（東京都・警察大学校教授）

いしだ・としや／昭和36年大阪府生まれ。ＰＬ学園高から大阪体育大に進み、卒業後、大阪府警に奉職。主な戦績として、世界大会団体優勝、全日本選手権大会優勝、全国警察大会個人・団体優勝などがある。現在、警察大学校教授。平成19年11月八段合格

初太刀一本に集中　打突への過程を重視する

八段審査に際しては、慌てず、気負わず、平常心で、日頃の稽古で学んだ内容をすべて出し切ること

に専念し臨みました。

〝初太刀一本〟に関しては、審査に臨むすべての方々がもっとも神経を使い重要視されているところだと思います。私も「心・技・体」の充実した状態において、いかに初太刀一本を打ち込むかに全神経を集中させました。まず、そのためには、心の備えと身体の備えを整える必要があると考え、大きな意味で打突に至るまでの過程を重視しました。

心の備えとしては、日頃の稽古、上手《うわて》の先生方の見取り稽古、試合見学など、剣道に関わることのすべてにおいて審査当日を想定し、稽古以外の場面においても、その場を自分自身に置き換えて入り込み、つねに緊張感を持ちながら精神的プレッシャーをかけることにより審査のイメージをつくりました。

身体の備えとしては、実際、審査当日に自分のイメージどおり力を出し切るためには、日々の稽古の積み重ねがなされていても、いざ本番の大事な場面において、準備運動不足により本来の動きができないことがないように、日頃の稽古から相手と立ち合う直前まで充分な体のほぐしと、それにともなう下準備に努めるようにしました。

心の備えに関しても身体の備えに関しても非常に単純ですが、今回の審査に臨む上で私がもっとも大切に考え、実行した部分です。とくに身体の備えについては、若手選手時代の試合と、京都大会での立合において、前日まで最高のコンディションで調整できたつもりが、試合・立合の直前に身体を温めほぐすことを怠ったがために力が出し切れなかった過去の苦い体験を参考にしました。

長所を伸ばし、短所を止める出頭技を中心に技を組み立てる

自分自身の長所を最大限に生かし、短所を最小限に止めるように努めました。

まず長所の一点目としては、私の場合、上背があるので懐の深さを充分に生かすことを考えました。相手が遠いと感じる間合を自分の打ち間とし、遠間を嫌い、間合を詰めようとする瞬間に出頭技を中心とした技の組み立てで相手を崩し、遠間だから大丈夫だと相手が思っているところを理攻めで一気に崩すことにより、つねに優位な状態をつくる稽古内容を心がけました。

二点目は、相手と対峙した際に、全身からみなぎる気迫が審査員の先生方に伝わるように、場内全体に響きわたる大きな発声がいかなる状況下においても出すことができるように心がけました。まさに〝気迫が技を生む〟といったように、持ち前の大きな声を武器とさせていただき、打突前後の発声と打突とが一つになるように努めました。

一方、短所は10年以上前に左膝後十字靱帯を損傷した古傷により、攻めのスタイルが相手を誘い出してからの出頭技一辺倒になりがちなため、とくに打ち気を出さない〝後の先〟狙いの相手に対し、いかに体重をうまく左膝にかけて攻め込めるかが課題でした。体重のかけ方一つにより膝に力が入らず、本来の半分も踏み込むことができないため、足さばきと間合の駆け引きに関しては、今まで以上に神経を費やしました。

また、職場においては、八段の先生方がたくさんおられるので、時間があるときには稽古をお願いし、

息の上がる〝懸かる稽古〟のなかで、打つことよりも打ち切ることの大切さを教えていただきました。学ぶべきところはすべて学ぶつもりで、稽古終了後も足りないところを指摘していただくために積極的に質問し、教えていただいた内容をその場で終わらせないためにも剣道ノートに書き残しました。次の日の稽古でその内容を確認しながら微調整し、日々少しでも自分なりに進歩したと感じることができる稽古内容と、素直に人の意見を受け入れる前向きな姿勢を心がけました。

日常生活で取り組んだこととくに一人稽古は有効だった

一、テレビ・新聞・雑誌からの情報収集

剣道以外の競技の体験談、新聞・雑誌の記事などにも興味を持ちながら参考にしました。この種の試みはみなさんもされているとは思います。競技性も違うことから、当てはまらない部分もありますが、吸収しようと考えればプラスになる話はたくさんありました。

二、一人稽古

一人稽古では、仮想の相手に対して立合を行なう・素振り・立ち姿の確認・足さばき・発声練習など、道場に立たなくても竹刀の有無に関わらずできる稽古法であり、とくに仕事の都合で稽古ができないときなど、自宅のスペースや出張先、もちろん道場においても取り組みました。

三、メモ帳の活用

私は、若手選手時代から枕元にメモ帳を置いて寝床につくようにしています。日ごろ気づかなかったことや、寝ていて突然ひらめいたことなどをメモ帳に書き残すことにより、審査に対するイメージを広げるうえで、プラスの方向に働いたことは間違いないように思います。

10年前から審査を見学
道具の選択にも細心の注意を払う

審査に対しては5年くらい前から特別な意識をもっていましたが、実際、京都で行なわれる審査会には10年以上前から足を運び勉強させていただきました。審査当日の会場の張りつめた雰囲気と緊張感、一次審査から二次審査までの集中力の持続と調整方法など、会場でしか分からないことを体感させていただき、知らず知らずのうちに審査に対するイメージづくりがなされ、審査に対する意識も高まったと感じています。

また、内面的・外面的部分を一致させる意味で、審査で使用する防具については、一番使いやすいものを何組かある防具の中から選ぶようにしました。とくに、竹刀を持ったときの小手の選択から、面をつけたときに目線が面金にかかっていないか、胴・垂れを装着したときのしっくり感など、細かい部分にまで注意を払い防具を選びました。竹刀については、審査当日、打突部位をしっかりと打ち切ることができるようにとの願いをこめ、一本一本丹念につくり上げました。

これまで多くの先生方からいただいた技術面・精神面の教えを日々の稽古によって磨くことはもちろんですが、礼法・立ち振る舞い・防具選び・竹刀づくり・剣道着と袴の装着に至るまで、すべての面において意識を高め、内面的な部分と外面的な部分を一致させることにより、はじめて最高段位を受ける資格と、合格をめざすことができると自分自身に言い聞かせながら、日々の生活と稽古に努めました。

根拠のない打突は戒める
説明できる一本を求め続けた

003

稲富政博（佐賀県・警察官）

いなどみ・まさひろ／昭和35年佐賀県生まれ。有田工業高卒業後、佐賀県警察に奉職。主な戦績として、全日本選抜八段優勝大会優勝、全日本選手権、全日本東西対抗、国体出場などがある。平成19年11月八段合格

三つの攻めを意識
崩れなければ打たない

日頃の稽古にあたり、私は根拠のない打突をしないこと、言い換えればすべての打突について、なぜ

そこで打突したか説明のできるように心がけました。そのためには、竹刀による攻め、身体および気合などによる総合的な攻めをもって相手を崩して打つことが重要です。

「もう20秒くらい過ぎたから」「面が当たりそうだから」「次は小手にいってみよう」などの裏づけや根拠のない打突は厳に戒めたつもりです。以前、岡山県の石原忠美先生が講習会で話された「八段の打ちは必然でなければならない。偶然の打ちを求めてはならない」と指導を受けたことが今でも印象的です。すなわち、くり出した打ちは一本に帰結し、決まるべくして決まること、たまたま打って一本になることを追求してはならないという教えであったように思います。

初となった八段審査挑戦で二次審査までいったのですが、二次では攻めの甘さと不充分さを露呈し、不合格になったことを反省し、攻め崩しを強く意識した稽古を継続しました。「攻め崩して打つ」ことは審査において極めて重要な要因であり、崩れなければ打たない気概が必要ではないでしょうか。

打突は１００点か０点　いつも審査を意識した

部位に当てる打ちではなく、歯切れのよい、いわゆる「切れる」一本に集中した全力の打突を心がけました。少年剣道の指導で時折話していることなのですが、「剣道の打ちは１００点か０点しかない。惜しい打突は柔道のように技あり、有効などなく０点である。一本になるかならないかのどちらかであるからこそ打ち出す一本に集中し、自分の持っている１００パーセントの技術で打突をしなさい」と指導しています。

自己の能力のすべてをもってくり出す技は、相手を動かし、ひいては審査員の心も打つのではないでしょうか。この場合、気をつけなければならないは力みをなくすことです。つまり、しっかり打つ意識が力みを生じさせてはならないということです。力みは、審査の緊張感や「打ちたい」という目先の欲望が強く感情として発生したときに現われます。

分かりきったことですが、日頃の稽古が審査であるとの意識を継続していくこと、「平常心」こそが力みをなくす最大のポイントであるように思います。

また、審査において「位《くらい》」を表現することは大切だと思います。位は姿勢や打突などでも表現されると思いますが、私自身は動きの緩急がもっとも位を表現できるのではないかと考えています。静かな立ち上がりから攻めの開始、崩れの発現、炎のような打突、静かなる残心といった具合に推移すると思うのですが、その緩急が大きければ大きいほど、観る者を惹きつけると同時に位が表現できるのではないでしょうか。逆にメリハリのない攻防は、見ていて心を惹かれることがありません。戦国武将の武田信玄が言う『風林火山』の教えが参考になると思います。

日常生活・仕事で心がけたこと すべては八段合格のため

一、一人稽古

毎日稽古ができないことから、帰宅した後、努めて自宅付近でのランニング、すり足、素振り、打突のイメージトレーニングなどに取り組みました。とくに相手と対峙していることを想定したイメージトレーニングは一人稽古の中核をなすもので、非常に効果的であると考えています。一人稽古は長時間行なうことが重要ではなく、日々行なうことで剣道に関する「気持ちの線」を継続させることが最大の目的であると思います。

二、危険性を避けた生活

審査前においてケガや病気は大敵です。日常生活では、ケガにつながるスポーツの自粛や交通事故防止などに配慮しました。また、風邪などの病気についても病気にならない注意と早期診断、早期治療に心がけました。半年間の苦労が瞬時に失われてしまうことから、充分な対応が必要だと思います。

三、稽古時間の捻出

昼間は稽古ができないため、仕事は段取りと効率性を考え、勤務後や土日の稽古時間を確保する配慮を行ないました。

四、上司、同僚などとの良好な関係

昨年、昇段審査や国体出場などにより仕事を休むことがありました。剣道の修錬は、家庭もですが、職場の上司、同僚の協力が必要なことが多いものです。平素から良好な人間関係を築き、感謝の気持ちを忘れないことが大切です。

五、稽古計画表の策定

場当たり的な稽古やトレーニングでは、目標達成にブレが生じると思います。3ヶ月や1ヶ月程度の計画を策定し、節目で「途中確認」「修正」「実行」の作業を行なうことが重要だと思います。審査が近づけば1週間スパンの稽古計画表により、自己確認を明確にしておくと良いと思います。

六、禁煙

八段審査を受審しはじめるまでは煙草を吸っていました。二次審査までの時間（約5時間）、喫煙所で多くの方と話をしたのですが、このことは二次審査に向けた集中力や緊張感の持続に好ましくないと考え、禁煙をするようになりました。さまざまな考えはあると思いますが、私は禁煙をしてよかったと思います。

99％の定石と1％の個性
個性を発揮するために取り組んだ三つのこと

004

小山正洋（静岡県・自営業）

こやま・まさひろ／昭和36年静岡県生まれ。ＰＬ学園高から明治大に進み、卒業後、家業の正春武道具製作所に勤務する。主な戦績として、全日本選手権出場、国体優勝などがある。現在、正春武道具製作所代表取締役。平成19年11月八段合格

審査を受けるにあたり、事前に何回か八段審査に足を運びました。そこで多くの先生方が異口同音におっしゃることが「審査員の先生方が考えていらっしゃる理合から逸脱したら、どんなに相手を打っても不合格、逆に有効打突が少なくても理にかなっていれば合格になる。したがって一次、二次審査を通じてほぼ全員の方が定石のぶつけ合いで同じような剣風になり、ほとんど見分けがつかない。だから難しいんだ」ということでした。

しかし、そこで合格されていた1パーセントの先生方は同じように見えてもしっかりと自己主張をされていました。このとき私にとって八段合格への課題はいかに「99パーセントの定石遂行と1パーセントの個性発揮」ができるかとなりました。

自分のスタイルを貫く稽古で心がけた5項目

八段審査を意識しはじめたのは40歳手前からでした。当時の静岡県は国体を控えて毎月強化練習や遠征が組まれていました。私も選手候補として参加していましたので、これらの強化日程の中で自分の剣道を見つめ直していきました。私は小学校4年生から父の手ほどきで剣道をはじめたのですが、つねに父から「勝ちに勝ち様あり、負けに負け様あり、卑怯な勝ちを狙わず、正々堂々とやってこい」と言い聞かされてきました。「正々堂々」この原点にかえることが私の八段受審への第一歩です。

強化練習や遠征では必ず練習試合が行なわれます。この一つひとつの試合を受審している気持ちで立ち合いました。最初の頃は、合気になろうとしても相手が気持ちを合わせてこなかったり、はぐらかされたりと、合気になれない理由を相手のせいにしていましたが、立ち合いを重ねるうちに、それらはすべて相手によって心が動揺する自分のせいだと気づき、相手がどんなタイプであろうと自分のスタイルを貫けるよう心がけました。私の留意点は以下の5点です。

一、初太刀を有効打突にすべく、初太刀を打つまでじっくりと時間をかける

二、決して下がらない

三、相手の打突を受けない。竹刀の先でさばく（前でさばく）
四、前でさばくためには、つねに相手の中心を攻め、剣先を相手の体の外にはずさないよう留意する
五、たとえ有効打突にならなくとも、しっかりと打ち切る

打ち切ることについて補足させていただくと、私はこれまでずっと試合に携わってきました。そうすると、たとえば自分が打った面に対し相手が出小手を打ってくると、その技を反射的に潰しに動いてしまいます。返し技に対してもしかりです。ですから項目1から項目4を自分なりに施して、ここぞとばかりに打ったときは相手の反応に惑わされず、しっかり打ち切ろうと思ったのです。

審査時刻に合わせて素振り身体を審査に慣れさせる

初受審の際は、第一会場の一組目か二組目であることは間違いないだろうと予想していました。審査開始が9時半、この時間に合わせて毎日稽古ができればよいのですが、仕事がありますからそれはできませんし、なにより稽古をしているところがありません。そこで、せめて体が動くようにしておこうと毎朝ジョギング、腕立て伏せ、素振りをしました。稽古は無酸素運動、ジョギングは有酸素運動ですから、結果、足腰の鍛錬を兼ねながら体調を整えることができました。

私の主たる稽古場は、月1回行なわれる静岡県剣道連盟の選手強化稽古会のほか、地元沼津市での稽古と指導している少年団に来てくれる一般の方々、そして子どもたちになりました。さすがにこれだけでは稽古が足りず、加えて手の内を知った者同士の稽古になってしまい、ついつい工夫が足りなくなっ

てきます。そこで出稽古に行こうと決意して、3年ほど前から日本武道館をはじめ、県外にも稽古の場を求め、八段の先生方に積極的に稽古をお願いしました。とくに日本武道館の稽古会では八段の先生方に稽古をいただけることはもちろんですが、ラスト15分間の自由稽古ではなにもわからない相手と稽古をさせていただけるので、つねに緊張感のある稽古ができたことも大変勉強になりました。

日本剣道形で気分充実 気持ちが切れなくなっていた

私の自宅から車で約2時間弱、焼津市にいらっしゃる井上義彦範士の道場「知恩剣修館」にも通わせていただき、剣道形と稽古をみていただきました。このときに感じたことは、剣道形を1時間みっちり稽古してから面を着け地稽古にうつると、剣道形での合気がそのまま持続されて、いつにも増して気持ちが引き締まった稽古ができたことです。

普段の稽古でも不充分な気持ちのまま立たないよう留意しているのですが、時間が経つに連れフッと気の抜けるときがあります。剣道形の稽古をしていると礼に始まり礼に終わるまで気を緩めるところがありません。地稽古の元立ちをしていて掛かり手が交代するときにホッと一息つくようなことがなくなりました。

審査当日も一次二次を通じて相手が交代するほんの数秒間を気負いなく集中できたのは、間違いなく剣道形の賜物だと感じています。これからさらに「心気力の一致」をめざしていくためにも剣道形の重要性を改めて認識しましたので、剣道形の稽古に時間を費やしていきたいと考えています。

＊

審査当日、今できる最高に近いかたちで全力を出し切ることができたのは、前述した稽古、トレーニングができる環境をつくり、支えてくれた愛する家族、大切な社員さんたちの協力があったからこそです。私を支えてくれている人たちの思いに応えるためにも「合格するんだ」という強いモチベーション（動機づけ）が大きな原動力となりました。今後も感謝の気持ちを忘れず、さらに稽古に精進していく所存です。

構えから正しい打突をくり出す100本の面打ちを稽古の目標とした

005

山村勝弘（三重県・警察官）

やまむら・かつひろ／昭和33年大阪府生まれ。明星高から中京大に進み、卒業後、三重県警察に奉職。主な戦績として、全日本選手権、全日本東西対抗出場などがある。平成19年5月八段合格

幸いにも初めての八段審査において合格させていただきました。これもひとえにご指導いただきました諸先生、剣友、支えてくれた家族のおかげであると心から感謝しております。合格させていただき、普段の心がけがいかに大切であるかを実感したところが大きく、その中で自分自身の体験、取り組んできたことを書かせていただき審査の一助になればと思います。

稽古量が激減 精神修養も意識する

４年前に職場が変わり、それまでのような稽古ができず、自分自身の稽古量も激減しました。このような環境で剣道に対する考え方や剣道への取り組み姿勢も変わりました。

剣道の質を高めるためには稽古しかありません。技の錬磨、心の修養、すべて稽古のなかで向上していくものであるということは申すまでもありませんが、そのなかでなにをすれば稽古にプラスになるのか。現状を補うことができるものはなにかを考えたとき、それまで技を磨くことばかりに目を向けていたのを心の部分、精神面の修養に主眼を置くようになりました。出稽古において先生にご指導していただいたこと、あらゆる分野の本を多く読むこと、そのなかで感銘を受けたことをノートに書きとめることを続け、心の修養の糧としました。

幅広い知識を得、精神面を修行することにより気持ちに余裕ができ、風格・品格のある剣道へとつながります。風格・品格のある剣道に共通するのは〝余裕〟であるということを教わりました。それは、打突に対する余裕、反撃に対する余裕。いつでも打てる、返せるという気持ちがあると自然に対応できるということです。

審査当日も適度な緊張感はありましたが、気持ちのなかに余裕があったように思います。また、それが自信となって集中力が増し、審査に臨むことができました。

学ぶ姿勢について私が大切にしている座右の銘に「尊聞《そんぶん》行知《ぎょうち》」という言葉があります。これは母校である中京大学の剣道場の額に書かれている言葉です。聞くことを尊び、それにより知ったことを行なう。すなわち、良い師、良書に学び、それにより知ったことを実行するという意味です。自分の剣道に本当の地力をつけるためには、自分の目指すべき剣道やその教えをつねに頭から離さず、そのことを体の中に染みこませることが大切であると思います。しかし、目標とした教えが間違っていたり、自分に都合のよい考え方ばかりしていれば、伸びるはずはありません。「師無き剣道は邪道」であると言います。心の師をつくり、業前だけでなく精神面を修養する幅広い稽古を積む必要があると感じています。

この取り組みが、目に見えない本当の力になっているように思いました。

稽古で意識した5項目
質を求めるには構えが根本だった

稽古量が減ったため、一つひとつの稽古をより大切にするようになりました。そして、少しでも時間をつくり、一人稽古を継続しました。「継続は力なり」と言いますが、自分の不足している部分を整理して、高い志とそれを支える気をもって取り組み、目標を失わず、正しい稽古を積み重ね継続していくことが大きな力になると実感しています。稽古では、極めて当たり前のことをきっちりと正しくできるか。それを体に染みこませているかを確認しながら行ないましたが、それでも自分ではやっているつもり、わかっているつもりでした。これでは正しい道から逸れていくということに気づき、しっかり反省する自分をつくること。すなわち、基本の重要性をしっかり認識して自分をみる眼を養うことで、悪いところを矯正（更正）し、質の高い剣道ができるように取り組みました。

以下、きわめて基本的なことですが、稽古で心がけた具体的な事項です。

一、普段の稽古から所作、動作を正しく行なうこと。礼法、蹲踞、立ち上がりの間合に注意
二、触刃の間合での攻め合い。しっかりした掛け声を出す。打ち急がず、溜めをつくる
三、自分勝手に技を出さず、合気となり、先を取って初太刀をとる
四、無理のない打突、機をとらえた打突、打ち切った打突
五、縁を切らない稽古、打たれて打つ稽古、気をいただく稽古

これらを行なうためには、正しい構えをつくり、その構えから正しい打突を行なう必要があると思いましたので、基本稽古だけの日を毎週1回設定し、面打ち（１００本を目標）を中心に切り返し、打ち込み稽古を約1時間から1時間半程度行ないました。現在も続けています。そして、これをもとに出稽古に行き、多くの先生方からご指導を仰ぎました。

片道40分の自転車通勤 膝痛を運動療法で軽減させる

10年ほど前になりますが、膝の靱帯と半月板を傷めました。治療はしたのですが、完治しないまま放置していたため、数年前に稽古が終わった後、左膝が痛むようになり、屈伸ができなくなって正座、蹲踞もままならない状態となりました。

病院で診察してもらうと変形性膝関節症という診断で、いわゆる関節軟骨が磨耗して膝が変形し、痛みをともない水などがたまりやすくなるというものです。加齢とともにほとんどの人がなるようで、剣

道を永年修行している方にはこのような症状が多いのではないでしょうか。私の場合、古傷を中途半端に放置していたことと、激しい運動による膝への負担が大きかったことなどが原因でした。大変なことになったと思いましたが、関節軟骨が変形しても膝の周りの筋肉や靱帯を強くすれば痛みもやわらぎ、運動もできるということで安静よりも日常的な運動療法が有効であると聞かされ、さっそく実行しました。

その一つは、「脚上げ体操」（仰向けに寝て片方の膝を90度以上に曲げる。もう片方の脚の膝を伸ばしたまま、10㎝上げ5秒間止めて下ろす。片足20回左右行なう）というもので、これは気軽に行なえるため継続しています。二つめは、ウォーキングやジョギングは膝への負担が大きいため、自転車による脚の強化を行ないました。毎日の通勤を自転車（片道約40分）にしました。また、夜のトレーニングと称して、週に数回、娘とともに1時間以上の自転車トレーニングを行ないました。これにより痛みも軽減し、以前よりも勢いのある踏み込みができるようになった感じがします。一方で病院にも定期的に通院して、関節注射（ヒアルロン酸）をうちました。万全とは言えませんが、少しは身体と心がやわらぎ稽古に打ち込むことができたように思います。

以上、三つの取り組みを述べさせていただきましたが、最後に、七段審査をやっとの思いで合格させていただいたときに大学の恩師・故近藤利雄先生から「愛」という字が書かれた自筆の色紙をいただきました。添え書きには「愛を知らずして神州の剣を語るなかれ」と書かれており、これは「自分一人で合格できたと思うな。多くの人の関わり（愛）があってこそ合格できたんだぞ。それがわかっていなければ剣道をする資格がない。もちろん剣道のなんたるかを話すことなどできるはずがない」というような意味が含まれていることと理解しています。

大変ありがたく、ほんとうに感謝しております。この色紙をいただいたおかげで、今回の合格があるといっても過言ではないように思います。そして、あらためて「愛」という言葉の重さを実感いたしました。今後もこの感謝の気持ちをいつまでも忘れることなく精進していきたいと思っております。

なにを打つかよりいつ打つか機会の見極めに重点を置いた

006

近藤　亘（徳島県・警察職員）

こんどう・わたる／昭和30年徳島県生まれ。阿南工業高から徳島県警察に奉職。主な戦績として、全日本選手権大会2位、全国警察選手権3位などがある。平成19年5月八段合格

私が八段審査に挑戦をはじめたのは、平成13年5月からです。それから6年目の平成19年5月、11回目にしてやっと合格することができました。

合格できましたのも、恩師である故堀江幸夫先生（範士八段）をはじめ、大澤孝彰先生（範士八段）並びにこれまでご指導いただきました先生方、そして、親身になってご支援してくださった皆様のお陰と心から感謝しております。

「君は懸かる稽古ができていない」核心つく指摘から剣道を見つめ直す

私が八段挑戦をはじめたのは、異動により長年過ごした機動隊を去り、警察署に出て新しいスタートを切った年でした。これまでとは違い、思ったように稽古もできず、新しい仕事に慣れるのに懸命で、審査の日が近づいてきてもほとんど稽古もできず、審査に臨まなければならない状況でした。翌年、再び異動があり、その年は勤務の都合で審査を受けることができませんでした。

そうしたなか、平成15年12月、誘われるまま京都で行なわれている近畿高段者稽古会に参加いたしました。

ある八段の先生に稽古をお願いすると、その先生の迫力に押されっぱなしで、気合負けしないようにと必死で掛かっていくのですが、終始先を取られどうにも歯が立ちませんでした。あとでお話をうかがうと、「懸かる稽古ができていない」と、一喝。このとき、恥ずかしながら自分の剣道に対する認識の甘さを痛感した次第です。

その日以来、自分の剣道を見つめ直し、一歩ずつ目標に向かっていこうと決意いたしました。

相手の動きにすぐ反応
落ち着きのない構えになっていた

自分の欠点は、分かっているようでわかっていません。自分の欠点を指摘していただけることは、本当にありがたいと思います。また、自分の姿が映ったビデオを見るのも、自分の欠点を自覚するのに参考になりました。

私は、警察で特練員（選手）を長く務めていたせいか、勝敗に対する意識が強く働き、立合がはじまると、どうしても「打とう、打とう」という気が先に立って、無駄足も多く、落ち着きのない構えとなっていました。しかも、相手の動きにすぐ反応してしまう癖がどうしても抜けず、結果的に焦って、溜めのない打ちを出し、しかも、その打ちは、左拳の上がった軽い打ちとなっていました。

重厚な構え、捨て切った打ちを求められる八段審査に合格するには、これらの欠点を矯正しなければならないと思いました。

左手を内に絞ると収まった
構えを正す

左手については、堀江先生から「左手が収まれば心も収まる」と、ご指導いただいていました。左手中心の構え、素振り、とにかく左手を意識して稽古を行ないました。

ある日の稽古で左手の握りをいつもより少し内に絞り構えると、心の動揺も少なく、思い切った面が打て、しかも、左拳の上がる悪い癖も出ませんでした。「これだ」と思い、稽古で何度も確かめてみました。現在のところ、この左手の位置が自分に合った一番良い収まりどころと思っています。

左足については、踵を下げ、前を向けること、そして必要以上に足を動かさないよう意識して稽古を行ないました。また、普段歩くときに左足が外を向かないように気をつけながら歩行しています。左足については、形を整えるだけでなく、腹式呼吸により息を下のほうに下ろしていくと、左足がシャンとしてきます。

剣先は、正中線を外さないように心がけて稽古を行なっています。とくに相手を攻めるとき、あるいは、攻められたときにはずれるので気をつけています。

一拍子で打つ面を鍛え直す
打ちを正す

一拍子の面打ちがどうしてもうまく打てませんでした。打ち出す前に左足が動いたり、身体が硬くなったりし、腰の入った力強い面が打てなかったので、とくに面が正しく打てるように、基本打ちを重点に行ないました。正しい打ちを出すためには、やはり無理のない正しい構えが必要なようです。

また、剣道の原点に返り、座敷で正座をして居合刀の素振りを行ないました。本当に切れる振りができるか、実際に振ってみると、刃筋が通っていないのか、振ったときに心地良い音がしないのです。左右面の、とくに相手の右面を打つときに音が出ません。続けてみると、刀の握り方、手の内、手首の返し、刃筋など竹刀では味わえない思わぬ収穫がありました。

機会がくるまで打たない
身法より心法を意識した

相手が動くとすぐに反応すること、これが私の大きな欠点であり、特練時代に勝敗を意識してやってきたことが災いしているように思いました。打たれたくないから「打とう、打とう」とする。堀江先生からは、「打とう、打とうとするから相手が見（観）えない」「自分から打たずに辛抱しなさい」「技術よりも肚《はら》をつくりなさい」「身法から心法に乗り換えることが大切」などご指導いただいておりました。

審査前の3月、県外へ出稽古に出かけました。八段の先生に稽古をいただいたあとのお話のなかに、「なにを打つかよりも、いつ打つかを考えなさい」という教えがありました。

「いつ打つかを考える」ということは、「打つ機会ができるまで打たない」「打とう」とするよりも「攻める」ことが大切ではないかと思いました。

しっかりと「攻め合い」をすることは、しっかりと「相手を見（観）る」ことにもつながり、これが「溜め」となり、相手が動いても動じることなく、落ち着いて構えていることができるのではないかと考えました。

「打つ」という結果よりも、「攻める」という過程を重視することが自分の欠点を矯正することにつながりました。発想の転換をいただいたのは本当にありがたいと思いました。

以上、審査に向けて実行してきたことを述べてまいりましたが、私は八段挑戦を通じ、出稽古に出ることの大切さを知りました。上位の先生に懸かる、ご指導いただくことにより、多くの刺激を得るとともに自分に足りないものを自覚することができました。

中心を攻めて打ち切る右手親指の操作と左腰の運用を工夫

007

髙橋　亮（秋田県・教員）

たかはし・りょう／昭和33年秋田県生まれ。秋田南高から筑波大に進み、大学院、研究生を経て秋田県中学校教員となる。主な戦績として、全日本選手権出場２回、全日本学生優勝大会優勝、全国教職員大会団体・個人準優勝などがある。平成19年11月八段合格

７度目の挑戦で合格することができました。３度目の挑戦のとき、一次審査を通過し二次審査まで進んだのですが、合格できませんでした。しかしながら、そのときの〝気づき〟がなければ今回の合格はなかったと考えています。自分自身では、有効な打突もあり、ある程度手ごたえを感じていました。しかし、後日ビデオを見ると、攻めてから打突に進んでいるのですが、当てることに気持ちがいき、打ち切っていないことがはっきりと分かりました。その後の修行においては、相手の中心を攻め切ってから

打ち切ることを主眼に稽古を積み重ねていきました。しかしながら、4回から6回目の挑戦では一次審査さえ通過できませんでした。

落ちるたびにまだまだ修行が足りない、だれが見ても納得できるような立派な打ちを表現できるまで努力しなければ決して合格できないんだ、そのための修行の期間を神様が与えてくれているんだと自分自身を鼓舞しながら、秋田に帰ってきていました。

大切にしたイメージづくり 雄大な山と対峙して構えを構築

私の勤務する学校から、いつも北には太平山、天気がよければ南には鳥海山の雄大な姿を望むことができます。気持ちと構えをつくるために、時間があれば姿勢を正して構え、山と対峙しました。山を包み込めるような大きな気持ちと、山の頂点を上から大きく打ち切れるような身体の操作を工夫しました。

また、審査前にいつも指導を受けている目黒大作範士から、夜の稽古終了後、この本を贈呈するからしっかり読んで審査に臨みなさいといわれました。その本とは『剣道審査員の目3』です。実際に審査員となっている範士の先生方から読者に向けての熱い訴えが活字となって現われている本でした。

目黒範士からいただいたその晩にすべて読み終え、大切なところをパソコンに打ち込み、チェックシートを作成し、残りの調整期間の指針としました。審査まで残り1ヶ月を切っている時期で、いつもであれば不安や迷いが生じる時期なのですが、この本のおかげで今回は自信をもって審査に臨むことができました。

NHKで放映されている『スポーツ大陸』からも多くのことを学ぶことができました。いろいろなスポーツで活躍する人びとの、結果を出すための苦悩や努力、またその人を支える人びとの働きを描き出している番組です。とくに大リーグの松坂大輔選手の番組は大いに参考になりました。

この番組を機会に、私自身の八段の挑戦を、野球の投手がど真ん中にきれいな回転のストレートを放り、相手が打撃できず見逃したり、空振りする状況をつくるための戦術と同一なものと位置づけることができるようになりました。剣道だけで自分自身を追い詰めると、苦境に陥ったときになかなか抜け出せないのですが、投手の投球とリンクさせて考えると、ハッとするような解決方法が出てくるものでした。それは、攻めとか、間とか、腕の振り、下半身の使い方など多岐にわたるものでした。

稽古を支えた身体づくり 取り入れたトレーニングと食事

八段挑戦の最初の頃は、ジムに通ったり、バーベルやアレイをつかった筋力トレーニングで身体づくりを行なっていました。確かに効果はあったのでしょうが、若い頃の習性のまま年齢をかえりみずに行なったため、腰や肘、肩に障害を発生させ、整形外科や整骨院に頻繁に通院していました。トレーニングをすることが主眼になって、剣道の稽古に生かされるものではなかったわけです。したがって、最後の1年間は稽古に活かすことができるトレーニングに絞って実施しました。具体的には、20メートルダッシュ20本、腕立て・腹筋30回、1・2キログラムの鉄棒振りなどです。1日の頻度は、身体の状態を自分で考えながら、稽古に影響のない範囲で行ないました。また、起床後、就寝前にストレッチ体操を十分に行ない、ケガの予防を図りました。

食事とサプリメントについてですが、まず三食しっかり摂ることは、すべての基本となることは当然です。しかしながら、加齢にともなって身体の再生機能が低下し、三食だけではなかなか稽古やトレーニングを続けることは難しいのが現状です。私の場合は、以下のような工夫をしました。

一、朝食前に果物をジュースにすることによって酵素を補給。マンゴー・キウイ・バナナによる酵素の摂取は身体づくりの基本であると考えている

二、トレーニングや稽古の前後に分岐鎖アミノ酸を摂取し、筋肉の障害予防に努めた

三、ビタミンCとクエン酸の摂取により、疲労回復を図った

体勢を崩さず出頭を打つ大人同士で打ち込みを励行

中学校の教師として、中学生に剣道を正しく行なわせることが大切です。そのためには基本を正しく実演できるようつねに心がけました。稽古においては、打突の機会を教えることができるよう、体勢を崩さずに出頭を打つようにしました。

長男が別の中学校の大将として剣道を行なっていました。小学生の頃から、早朝や夜、休日など一緒に打ち返しや、基本打ち、打ち込みを行なってきました。私の剣道の基盤は長男との一緒の基本稽古によってつくり出されているものと考えます。

また、土曜日の早朝、一緒に八段を目指している高校の先輩である湯瀬先生（秋田県庁）を中心とす

る仲間と一緒に打ち返しや打ち込み、2分間の立合練習などを私の中学校の道場で継続して行なってきました。大人同士の基本稽古は、中学生相手では体験できない間合、攻めや打突の強さ、体当たりの激しさなどを身体にしっかり刻み込ませてくれました。先輩・仲間に感謝しております。

目黒大作範士からの指導
心がけた3つの重点事項

週2回の秋田県剣道連盟の稽古会や、毎週金曜日の市連盟の稽古会にはできる限り参加し、多くの先生方や仲間から指導や励ましをいただきました。なかでも目黒大作範士からは、つねに貴重な稽古や指導をいただきました。

自分の中学校の指導にだけ専念するようになって2年間が経過した今から3年前、一般の稽古から離れていた私に「それではだめだ。自分自身の稽古をしっかり行なわなければ指導はできないのだから、県の稽古会には必ず参加するように」と、きつい注意をいただきました。

それ以来、県の稽古会では目黒範士に稽古をお願いし、貴重な指導をいただきました。また、今回の審査にあたっては特別に稽古をつけていただきました。その際に、指導を受けた以下のこと（すべては書ききれませんので要点のみ）をつねに頭に描きながら稽古に励んでまいりました。

一、審査員は剣道に関する基本的な見方については全員同じであるが、細かい点では考え方、見方に若干の差異が生じる。したがって、審査員のだれが見ても納得できるような立合をしなければならないし、そのような稽古を積み重ねなくてはいけない

二、相手の中心をしっかり攻めて、打突するまで中心をはずしてはいけない。そのために右手親指の操作と左腰の運用を工夫すること。また、そのように努力していけば、自然と出頭面を正しく打つことができるような構えと身体の操作が理解できること

三、40歳代には、打突の強さと打突後の勢いが必要である。打突の強さを生み出すために、攻め足としての右足の運用と、抜け切るための左腰の押し出しを工夫すること

目黒範士をはじめ、多くの方々から指導や励ましをいただき、合格することができました。一番うれしかったのは、学校に戻ったとき、剣道部員が学校の先生方に私が八段に合格したことを誇らしげに話していたということを伝え聞いたときです。教師冥利につきます。

挑戦25年、30回目で合格
不合格の翌日から稽古に取り組んだ

008

緒方仁司（熊本県・玉名郡剣連名誉会長）

おがた・ひとし／大正15年熊本県生まれ。旧制玉名中学から熊本工専（現熊本大）に進む。平成19年5月、史上最高齢の80歳で八段合格

庭に手製の打ち込み台
冴えのある面打ちを求める

昭和57年、55歳から八段を受審し、25年30回目に合格しました。一次審査合格5回目の長い年月とな

りましたが、生涯剣道を目指しておりました私には、目標は八段取得にありましたので挫折することなく、不合格の翌日から稽古に励みました。

少年剣道の指導も行なっていますので、指導者講習会や、八段に向けての高段者研修稽古などすべてに出席し、講師の先生方の指導を受けました。模擬審査にあっては、指摘事項を探究し、悪癖の是正に努力しました。以下取り組んだことを述べてみます。

一、ビデオで技の修正

平成元年にＫＫＴ県民テレビ参与を辞任し、熊本工業大学電子工学科（講師、助教授、教授）に勤務し、８年間卒業研究生十数人も預かり、また授業後は5時半から6時半まで剣道部の指導稽古に励みました。このガムシャラな稽古の中に、気迫と攻撃力が生まれたと思います。またビデオに撮り、自分の技の修正に努めました。自分では技は良いと思ったらたいへんな間違いだと悟り、間合からはじまる攻撃力と打つべき機会からの打ち切り、打ち抜き、残心などの探究に努めました。

この頃より、審査における自分の審査模様をビデオに撮り、あらゆる角度から自己批判をし、次回の審査の参考としました。

二、冴えを意識した打突

十数年前にもなりますが、九州高段者稽古会において模擬審査がありました。姿勢、構え、技、気迫などすべてよし、ただし冴えがないとありました。終了後、範士九段の故谷口安則先生にお尋ねしましたところ、「冴えはスピードから生じる。何秒分の1で打つことだ」と教えていただきました。手の内の冴えばかり考えていましたので、改めて剣道小読本を読み返し、冴えを再認識いたしました。我が家の庭に、長さ7・8メートル、幅66センチの回転できる面打台を手製にてつくり、面打ちの稽古に励みました。対物ある面打ち込みと、空面打ちとでは感覚が異なります。

三、攻めて打つ

攻めて打つことは、相手を誘うことにもなります。先生方は「攻めて打て」と言われます。攻めることによって相手の動きがわかります。

①攻め入って相手が「ピクリ」と虚ができた場合、一気に面を打つ

②攻め入っての相打ち面は、攻め入った分だけ速い面を打つことができる

③攻め入って、同時に面にきた場合は抜き胴を打つ

④ちょっと遅れた場合は返し胴を打つ。返し胴は素早い両手首の返しができなければならない。熟練必要

攻めて打つの理について、変わった角度から説明します。Aは20メートル、Bは15メートルから同じスピードで野球ボールを投げたとします。目的地には、Bのほうが速く、しかも強く到達します。10分の1に縮小してみますとAは2メートルの打ち間、Bは攻め入った1・5メートルにいます。同時に面を打った場合、当然Bが力強く速く打っていることになります。見た目にも、冴えの打法に感じられます。

四、打ち切り、打ち抜く、残心の3要素

①打ち切り＝中心線を攻め、手の内と相まって諸手にて瞬時に大きく強く打つこと

②打ち抜く＝面、小手、胴によって高さが違うが、打突後、すり足、継ぎ足にて5、6歩前進する。スピードがなければ後打ちされてしまう

③残心＝打ち抜いたあと、右足を軸に素早い身構えによって相手の攻撃に備える

この3要素がなければ、冴えのあるきれいな打突の技はみられません。高度な技であるすり上げ面などは、後の先であって、しかも残心の不充分なことから、審査時には考慮の必要があると思います。

五、相打ちの面の稽古

稽古の前には、切り返しに変え、冴えの面打ちを意識して5本面を打たせてもらいます。

稽古は週5、6日ですが、短い時間4分程度の10数名を対象にしています。主に攻めの相打ちの面を稽古としています。姿勢を崩すことなく、きれいな技で対応できるからです。

審査に対する心構え 私が意識した10項目

当日、私が審査に向けて取り組んだことを箇条書きで紹介します。

一、前日は充分な休養をとる

二、当日は準備運動を行ない、対話を少なく場内を立ちまわらない

三、立合で威厳ある蹲踞を心がける

四、立ち上がりから一歩前に進み、あとは徐々に気を許さず前進して剣先の触れ合う間合に入る

五、位取りは小さく、中心線を守り近間とならない。5秒後くらいで「ヤー」と大きく発声する

六、位取り15秒から20秒程度攻めてから、一気に冴えの面を打つ。相手が不用意に打って出た場合は、中心線の剣先を諸手にて伸ばし、2度くらい斜めに取れば相手の剣先は逸《そ》れる

七、打ち切り、打ち抜く、残心の三要素を忘れない。姿勢を崩さないこと

八、打ち損じた場合、あせることなく平常心にかえり、次の打突の機会を待つこと
九、剣先の位取りの際、右廻りして審査員の先生に背を向けないこと。とくに注意
十、相手の攻撃に下がらないこと。間合を取る場合、剣先を軽く押さえながら下がる

生涯剣道には健康が第一 実践している自己管理七項目

「早起きは三文の徳」といいます。朝6時前に起き、嗽《うがい》のあとコップ一杯の水を飲みます。人間は1日に2・1リットルの水分（汗、尿など）を排泄します。酒を飲んだら、その2倍だけ水を飲むことが必要です。病気を引き起こす人間の酸性化を防ぐためです。私は、50歳からは飲酒の機会も多くなり、夜に風呂に入ることは死亡事故にもつながりかねないので、朝風呂としました。夏も冬も、38〜39度のぬるい湯で、肩までつからない。血圧の変化による血流の急上昇の調整をし、脳血栓などを防ぐためです。冬は湯室や脱衣室を温めておくことです。

以下、朝起きてからの健康法を紹介します。

一、風呂の中で正座して、手に湯をつけ、早い動きで顔を擦る。約30回。次にシャボンをつけ30回、あと顔髭を剃ります。その後また30回、合計100回くらいとなります。効果として、顔の皮膚の活性化となり、顔に皺《しわ》や染《し》み、眼下の弛《たる》みが出ません。また、腹部が湯波とともに大きく揺れることにより、お腹が出ません。腰の筋肉を増します。

二、シャワーによって、頭を洗うと同時に、顔のシャボンを洗い流し、鼻から温水を入れる。口から出

すこと3回から4回で風邪もひきません。

三、片足立ちで足指間を洗う。これにより体のバランス、水虫の予防にもなります。

四、足の踵《かかと》の皹《ひび》割れの治癒《ちゆ》。湯上がりのあと、踵に馬の油かアロエ軟膏をすり込みます。寒稽古ですごく痛い皹割れを防ぐことができます。

五、ストレッチ体操で体をほぐす。朝風呂後、ストレッチ体操10種目各10回程度をベッド上で行ない、体の柔軟性を保ち老化を防ぎます。身体の肩こりや不具合は一切ありません。続けることが大事です。

六、ダンベルによる腕の筋力の劣化防止。ダンベル2・5キログラム2個によって、5種目各10回程度をゆっくり行ないます。腕の筋力の衰えを防ぎ、背筋も伸び、瞬発打突もできます。

七、フィットネスボールによる足腰の運動。１００回から２００回程度を行ない足腰の運びも順調です。

以上の健康管理を日課としています。

先生方の八段合格を祈念いたします。

勤務地は剣道愛好者ゼロの離島稽古の継続をキーワードにする

009

江島良介（佐賀県・教員）

えじま・りょうすけ／昭和31年佐賀県生まれ。神埼高から福岡大に進み、卒業後、佐賀県警察に奉職。その後、佐賀県教員となり、神埼中、三瀬中監督として全国優勝6回果たす。平成19年11月、八段合格

八段合格の光栄をいただくことができましたが、今回の受審で8回目の挑戦でした。かといって自信があったわけではなく、まさに無欲であったように思います。

現在、私は、玄界灘の離島加唐《かから》小中学校の校長として勤務して2年目になります。島内には剣道される方は一人もおられず、この2年間は稽古環境に恵まれない状況でした。数多くの稽古を望めないので「いま自分にできることはなにか」を考え、「稽古を継続する」ことをキーワードに考えておりました。

毎週火曜日には、フェリーと車で時間をかけること1時間50分、地元神埼市に戻り若手を相手に稽古をしました。翌朝は6時に家を出発して島に戻るという生活です。若手の20歳代、30歳代はスピードがありますので、相手のプラス○・五段の気位で、しかもスピードに対応する稽古を心がけました。週末の金曜日は帰宅しますので、神埼で稽古。土曜日には佐賀市の「めざす会」で一般の昇段審査をめざす先生方と稽古ができました。毎日行なっていたのは、ウォーキングです。早朝6時、波止場で釣りをしている方に気軽に声かけをするなど、楽しみながら30分かけて歩きました。

そして校長室には、いつも木刀を置いて、放課後や昼休みに素振りや日本剣道形の一人稽古をしていました。これが今の自分にできる最大のしかも継続できる稽古でした。

同じように「審査会」もできる限り継続して受審するように心がけました。それは、チャンスはいつめぐってくるかわからないという思いがあったからです。

不足をいわないなければ機会を自分でつくる

現役監督時代、「不足をいうな。足りないのは己の智恵と行動力だ」という言葉に粉骨砕身、努力の日々を送ってきましたが、今回もその精神を忘れることなく発揮できたように思います。

地方では、稽古環境に恵まれていないとよくいわれます。確かに八段の先生方に稽古をお願いし、学ぶ機会は少ないと思います。それならばと、神埼市・郡の稽古会に八段の先生をお招きして、レベルの高い稽古会を開催してご指導をいただくことにしました。2ヶ月に1回の稽古会は、当初若手の強化をねらいとしていましたが、次々と六段・七段の昇段者が誕生し、本格的な質の高い稽古会となり、着実に成果を生み出していきました。

「よい稽古環境がないならつくればいい」という発想で行動を起こしましたが、神埼市・郡強化の役割をおおせつかっていましたので、うれしい限りでした。成果があがってきたこともあり、翌年は毎月実施するようにしました。私自身にとりましても学ぶ絶好の機会となったことはいうまでもありません。

また、唐津市に勤務（実際には加唐島）するようになったことを機に、唐津市の戸川大八郎先生の康心館道場でも稽古をいただきました。「角（正武範士が来館）稽古会」が月に一度開催されており、この会にこころよく仲間に入れていただいたこともよい勉強の機会となり、充実した稽古をすることができました。また、福岡大学のＯＢ稽古会があればそれにと、なんでも参加しました。

ビデオで合格をイメージ
初太刀一本に全神経を集中させる

「継続すること」だけを考えて受審しましたので、まったく気負うことなく臨むことができました。毎日の職務に追われ、とくに審査会の前週は修学旅行引率で稽古どころではなかったのです。しかし、審査の立合ではなにか学びつかむことがあるのではないかと思い、稽古のつもりでの受審でした。

審査では、自分のありのままを表現することを第一に考えました。それは、一番自然に出せる技、すなわち得意技で勝負すること。「攻めて、崩して、ためて、打つ」こと。相手を引き出して打つことを心がけました。しかし、相手があることですから、うまくいくかどうかは相手次第です。合格には、

「力と運が必要」といわれる所以だと思います。

印象に残っているのは、二次審査です。二次審査は、一次審査をくぐり抜けた先生ばかりなので力があります。お二人と立ち合うのですが、一人目は間合をぐんぐん攻めてくる方で、気を合わせることが難しく、それをさばこうとして充分な立合ができませんでした。しかし、二人目の方は、直前にいい立合をされていたので、気を合わせていこうと思って臨み、納得のいく立合ができました。

今思い返せばこれまでは、「しっかりと打たなければ」と力んでしまって、二次審査でうまくいかなかったのかもしれません。今回は、無欲であったためか不思議とリラックスできていました。そのことが自然に自分を表現することにつながったのだと思います。

今回の合格は、審査直前に助言をいただいたこともよかったと感じています。審査3日前、佐賀の寺崎邦朗先生から八段同期「直心会」の稽古会へお誘いを受け、お邪魔させていただきました。茨城の水田重則先生に面を打つときの癖を指摘され、中心を取って打つことをご指導いただきました。そのアドバイスを活かし、面を出すこともできました。

「直心即修行」つねに心がけていることですが、素直な心で修行に活かすことは、次へのステップとなり、成長できると考えています。

今回これまでと違ったことは、審査前に八段合格者の審査時のビデオを見てイメージをつくって臨んだことです。その通りできるものではありませんが、自分のありのままの姿を表現するという胆が決まりました。「初太刀一本」の気持ちで、一本一本に全神経を集中させることができました。

＊

「最高の指導者は、最高の修行者であれ」という言葉があります。生徒たちに「やればできる。夢は叶えるもの」といって教えてきた手前、自分自身行動でそれを示すことができたことをうれしく思います。これまで生徒とともに行なった遠征や強化練習・講習会等でもみずから修行者として諸先生から稽古をいただきました。

今回、永年の夢であった合格をいただくことができました。これは私自身にとって大きなよろこびですが、私ばかりでなく全国の小・中学校の指導者や地方の稽古環境に恵まれない方々の励みになれば幸いです。

「才能とは、努力を継続できる力」という将棋の羽生善治二冠の言葉や「準備してきた人にはチャンスがくる」という思いは、今後も私の剣道修行の道標となるものです。

これまでご指導いただいた先生方や一緒に稽古してくださった多くの剣友に感謝の気持ちでいっぱいです。誌面をお借りし、お礼申し上げます。ありがとうございました。

1日15分を1日数回100本の面打ちをくり返す

010 三好伸二（広島県・会社員）

みよし・しんじ／昭和27年広島県生まれ。盈進高から東洋大に進む。国体、全日本都道府県対抗、全日本東西対抗などに出場。平成19年5月、八段合格

実業団で剣道を続けてきた私にとって、剣道は時間との戦いでした。広島県福山市にある製鉄所JFEスチール内（JFEウエストテクノロジー）の仕事ですから24時間稼動しており、毎月100万トンの半成品状態の真赤な鉄を搬送したり、検査手入れを担当しています。幅30メートル・長さ数百メートルの工場建屋を6棟管理し、70名の部下とコンピューターとセンサーで制御された設備がぎっしり詰まった中で生産活動をくり広げ、日夜仕事に追われています。

このような状態ですから、剣道の稽古をするためにはかなりの調整が必要で、なんとか平日2回と土曜日の朝稽古の3回は防具を着けてしっかり稽古をしようと心に決めてがんばっています。しかし、師範の先生や先輩、そして強力なライバルとともに厳しい稽古を重ねておられる先生方に比べれば天と地の差があるのが実態です。

20代後半で六段の頃から、剣道についてなにも知らない自分に気づき、改めて恩師や武道館そして研修会や講習会でお越しになった講師の先生方に質問してご指導をいただいたり、七段になってからは元に立ったとき、相手の方に失礼にならないように一所懸命稽古をしなければと少し自覚するようになりました。この程度ですが、自分なりに考えて続けてきた剣道について参考になるかどうかわかりませんが記述します。

起床時・昼食後・退社時・帰宅後 創意工夫で貴重な15分を捻出する

平日は数時間のまとまった時間をつくるのは不可能に近く、起床時・昼食後・退社時・帰宅後に15分程度の稽古をしました。稽古方法は、幅1メートル、長さ3・5メートルが確保できる板張りの部屋や屋外の広場を道場とし、竹刀を持たずに、面を中心に空間打突をくり返しました。

一本一本を大切にし、20本やって少し休み、5回で100本の面打ちを1サイクルとしました。両手の親指と小指を折り曲げ、とくに腕の下側になる小指の筋を効かし、残りの3本は方向性を確かめるために伸ばして構えるようにしました。

この空間打突をするにあたり、次のことを心がけました。

一、後ろ足は踵を少し上げた分だけ、膝が曲がるが押されてもびくともしないくらいひかがみを効かす。膝頭は足が開かないように相手に向け、体重が前足にかからないようにしっかりと後ろ足に乗せる

二、前足は膝関節を軽く伸ばす

三、腰は臍《へそ》を相手の足元に向けるような気持ちから尾てい骨を極限まで後ろに引っ張り腰を立てる

四、上半身は肩が上がらないようにして、脇の下後ろ側の筋を下に押し下げ、胸を少し開く（広く取る）。難しければ鎖骨を押し下げて頭を天に突き出す感じで背中の張りを大切にする

五、首筋をしっかり伸ばして張り、歯を噛んで打突したとき、首が折れ曲がって頭が動かないようにする

六、目は目線が下がらないように真っ直ぐ相手を見る

面打ちは前述の構えから右手の押し手、左手の引き手を意識して、肩の回転で顔の前を縦に振るつもりで一気に振り抜きます。このとき注意したのは以下です。

一、打突する前に右手・右足の攻め手・攻め足を少し意識し、構えから切っ先の延長で相手の中心を攻める気持ち

二、打突するときは、左足の踵を押し下げ、ひかがみをしっかり伸ばして、腰を水平移動させる

三、竹刀は持たないが、握りや右腕に力が入らないように腕の下側の筋と体に近い左の二の腕の外側で物打ちの部分を鋭く上下させて振り切る

四、打突後も仮想の竹刀は打突方向を向いたままであること

以上のようなことを考えて時間のあまりない私は、一人稽古で毎日３００本以上の面打ちを目標にし

て1回を100本に分けて行ない、就寝前は座布団を折り曲げたり、椅子に座って1000本素振りをこれも分割して実行しています。目標以上できたときは貯金したような気分になります。

なお稽古をする際は、つねに定量的な考えと効率を頭に入れるようにしていました。定量的な考えとは100回で駄目なら200回というように目標達成に向けて一定の分量を決めて、納得いくまで稽古を増やしてやることです。

効率という点では、1回に3時間連続で稽古をするより30分ずつ6回に分けてやったほうが気持ちの張りも集中力もハイレベルを維持できるはずです。1000本素振りも50本から100本に分割してやれば質が落ちることもなく真剣にできます。

一人稽古の内容を試技一本一本を確認、反省する

防具を着けて稽古をするときは、一人稽古で工夫し、考えたことを出し切ることを考えていました。一人稽古での取り組みを一振りに出すイメージで攻め、捨て切って打ちます。発声も非常に大事で顎が緩むと打ち切る発声はできません。とくに注意していたのは次の二点です。

一、攻めて相手を崩し、自分は崩れない稽古をする。単に構えの崩れだけでなく、攻めあぐんで変化技やタイミングを外したような打突に走らない

二、打突の理合や機会を考えて稽古をする。有形無形の攻めからの打突であったか、相手がなにか行動を起こそうとするきざしを打突したか、出頭を打突したか、応じ技は理にかなったものであったか

など、確認し反省する稽古をする

また研修会や講習会には乾いた心で参加し、講師の先生のどんな言葉も動きも見逃さない気持ちで臨むように心がけています。『剣窓』や剣道の本を読むときも同じ気持ちで考えるように努力しています。

仕事においても剣道と同じで、時間や回数等、定量的に効率を考えて対処しています。最近精神的な面から体調を崩す人が多いなか、上司から「お前だけはなにがあっても大丈夫だな」と言われています。太っていつもニコニコしているからかもしれませんが、これも剣道をしているおかげと自分に都合よく考えることにしています。

最後に八段合格の秘密などあるはずもなく、人より多く、質の高い稽古を積み重ねるしかないと思います。私のように深夜族のサラリーマンの方も多いと思いますが、どんなに忙しくても1日15分程度の時間は何回でも取れると思います。要は行動に移す、ちょっとした勇気があるかないかが分かれ道のような気がします。『剣窓』に掲載される、審査会後の審査員の先生の寸評でも普段の稽古のあり方が丁寧に書いてあると思います。

私は今もある先生から言われた「三好、審査では普段の稽古が出るだけだからな」と言われた言葉が耳から離れません。普段の稽古が大切で、しっかり稽古をしろと自分自身に言い聞かせているところです。

体調管理を徹底 審査に集中するため職を辞す

011 佐藤孝康（福島県・福島県立医大師範）

さとう・たかやす／昭和29年福島県生まれ。聖光学院高にて小島亀太郎範士に師事し、その後、県内外の先生方の指導を受ける。平成19年11月、八段合格

私が八段審査への挑戦を意識したのは、7年前です。試合を稽古のように、稽古を試合のように行なえれば、日々の練習・試合・審査はまったく同じものになると考えておりました。しかし、面が打てないことに悩んでおりました。

平成12年、全日本少年剣道錬成会館において、倉澤照彦先生（範士九段・神奈川県）との出会いがあり、脱出の糸口を見つけることができました。それは、倉澤先生からのご指導が実にあたたかいもので

あり、剣道は自分の人生であり、打突はごまかしではいけないから自分の人生をかけて面を打ち切りなさい、というものでした。まさに剣道は節目ごとに良い師と出会うことが重要であると感じます。

さらに堀籠敬蔵先生（範士九段・宮城県）からは、面を打ち切る稽古について、「ガツンと打て」という深い意味の言葉とともに、稽古のたびに「楽な稽古をするな」と厳しく叱咤激励をしていただき、先生の見ている前で息の上がる稽古をさせていただきました。

このような私でありますが、高校時代から今でも心の師としてお慕いし尊敬してやまない、小島亀太郎先生（範士八段・故人）から剣の妙技を間近で見せていただきながら剣道の稽古をしてまいりました。

小島先生はどんな相手がいらしても私が見ていた限りにおいては、「変幻自在の剣」をお遣いになり、その凄まじさは私の目にしっかりと焼きついております。

しかし、私の剣道は、勝負にこだわるため、対戦する相手の特徴や得意技などを強く意識し、その情報に惑わされることがありました。八段審査を受けるにあたり、この部分を変えなければ、と強く意識しました。

軸をぶらさず 師の教えを忠実に守る

遠藤勝雄先生（範士八段・宮城県）に師事し、週に一度の稽古を行なってまいりました。日本剣道形の稽古は、道場稽古の1時間前に私のために時間を割いていただき、お互いに日本剣道形十本を打太刀と仕太刀を交互に行ないました。この稽古を通じて、剣道の打突を剣道形のように行ないたい、と強く感じるようになってまいりました。呼吸、剣さばき、体さばき、すべてに全神経を行き渡らせて一心不乱に木刀を振りました。日本剣道形の稽古の重要性を今さらながら強く認識いたしました。

続いて、互格稽古をお願いしました。とにかく下がらないこと、左半身を意識して面を打ち切ること、この二つを念頭に稽古をお願いしました。遠藤先生からは、適時の指導があり、私は稽古の中で修正する部分と次回の稽古までの課題とする部分とに整理しながら、この1回の稽古に自分のすべてをかけました。まさに遠藤先生あっての稽古であり、ただただ感謝申し上げる次第でありますが、私の稽古のポイントはこのように稽古の柱を定めて、軸がぶれないようにしていたことでした。

つねに審査を意識背水の陣をしく

体調管理にはとくに注意をしてまいりました。私事ですが、高校を卒業してから33年間勤務した職場を一昨年退職いたしました。八段を意識し、心身ともに充実した日々を送りたいという気持ちが強くなり、職場での不規則な勤務が身体にこたえるようになっていたのが理由でした。そのため、規則正しい睡眠をとることと、その日の稽古にあわせた食事の量や時間などに気を配って生活をしてまいりました。わがままな私の選択に協力してくれた家族に今さらながら心から感謝をしております。

このような理由から私には不注意で風邪をひくとか事故に遭うなどということは、とても許されることではありません。「平常心是道場」、つねに稽古を意識し、いつでも審査が受けられるという心構えで生活をしてまいりました。

剣道指導で基本を確認
理にかなった動作を意識する

私は、地元の小学校をお借りして、小島会という名称で子どもたちの剣道指導を平成2年から続けております。入会する子どもはその年によりさまざまですが、小さな子どもたちに剣道を教えることは、至難の業であり、指導者自身の力量が問われると感じています。基本動作や素振りなど模範を示す指導者がしっかりとしていなければいけませんし、指導法もしっかりしたものでなければいけません。そういう環境のなかで保護者の皆さんや一緒に指導してくださる先生方との「和」が生まれ、子どもたちが安心して稽古ができるようになるのではないかと考え、道場に立っています。

また、昨年度からは福島県立医科大学の剣道部を指導することになり、医学を志す学生の皆さんと稽古をしています。学生剣道の指導は、自分として不安な部分も多かったのですが、基本を忠実に行なうことと個々にあった剣道レベルを追求することなど少しでも学生の皆さんのお役に立てるように、と道場に足繁く通っております。

ここで共通にいえることは、私にとって限られた剣道に接する時間ではありますが、相手に教えることとは、自分が教わることである、という気持ちで指導の場に立つことが大切ではないかと今さらながら感じています。

今回の八段審査に臨むにあたり、私は、「下がらないこと」「打ち切ること」を念頭に、そして「私の剣道を見てくれ」という強い気持ちで立ち合いました。対戦相手が誰であろうと気にすることはありませんでした。

自分にできる剣道を表現するために迷わず面を打ち切りました。

そして長い間、模索した結果、合格をいただきましたが、身を引き締め、新たな人生の出発をする覚悟で剣道と向き合いたい、と考えています。

今後とも「剣道は剣の理法の修錬による人間形成の道である」という「剣道の理念」を踏まえ、日本の伝統文化である剣道を正しく継承すべく、精進をしてまいります。

終わりに、これまでご指導・ご支援いただいた多くの皆様にこの場をお借りして、感謝の意を表わしながら私のつたない文章を閉じさせていただきます。

求めた中心を割って打ち切る面
左拳を口元まで上げて一拍子で打つ

012

内濱誠志（兵庫県・警察職員）

うちはま・せいし／昭和32年熊本県生まれ。玉名農業高から兵庫県警察に奉職。主な戦績として、全国警察大会優勝、国体優勝、全日本東西対抗出場などがある。平成19年5月、八段合格

試合剣道の見直し
攻め返し、乗り返しを意識する

私が八段審査を初受審したのは、平成15年11月の東京審査会からでした。初めての審査ということで

とくになんの準備もなく、ただ漠然と受審資格がきたので挑戦してみようと軽い気持ちでの受審でした。いざ会場に入ってみると、なんともいえない緊張感と独特な雰囲気に圧倒されてしまい、自分を見失って何をしていいのかもわからず、アッという間に終了してしまいました。こんなことでは到底合格などおぼつかない、初心に返って一からやり直そうと決心しました。

平成18年に開催された「のじぎく兵庫国体」の優勝をめざしての強化が、強化委員長の鈴木康功範士を中心として続くなか、平成16年から本格的に強化指定選手として指名していただき、強化合宿、県外遠征などに参加することができました。強化指定選手の指名により、稽古のできる環境と自分の剣道を見直す機会を与えていただいたことが、私にとりまして今後の剣道人生の大きな財産になったと感謝しています。

強化期間中は、県剣道連盟の各先生方はもちろんのこと、県外の多くの先生方にも機会あるたびに指導をいただくことができました。それに招聘事業として、全剣連から福本修二範士、村上済範士をお招きし、直接指導を賜ることができました。

両範士からは、「気勢」「体勢」「剣勢」といった勢いの必要性。「本気になって取り組む気持ち」「競り合いを制する強い気迫」など技術面のみならず、精神面がいかに重要であるかについての指導を賜ることができました。

両範士の指導のうちで、自分に足りなかったこと、安易に考えていたことなどを指摘していただき、自分の心の持ちようが、いかに大切であるかについて、改めて気づかされるとともに反省させられました。

こうした先生方の指導を、あせらず、我慢強く継続して努力精進していくことが、目標に一歩ずつ近づくことができるのではないでしょうか。
八段審査受審にあたり、自分なりに心がけたことを記してみます。

一、試合中心の剣道の見直し

私は、若い頃から試合中心の稽古ばかりしてきたため、小手先の技が多かったと思います。構えについても、右腕をつっぱり、左肩上がりの状態で構えていました。体型にも問題はあったとは思いますが、どうしても窮屈な構えで稽古していたため、スピードばかりに頼った振りの小さい軽い打突が多かったように思います。

二、構え

構えについては、多くの先生方のアドバイスをいただいた中で、児嶋克範士より中堅指導者講習会、京都大会の折、指導していただきました構え（左拳の納め方と両足の踏み方についてご指導をいただいた）を参考にし、毎日鏡の前で一人稽古に励みました。その甲斐あって腰の安定感を感じることができるようになりました。

三、中心を割って打ち切る面

一貫して指導をいただいております恩師の鈴木康功範士から「小手は相手にくれてやれ、私は面を頂戴します」という気持ちで「初太刀一本を意識し、中心を割って打ち切る面」をめざすよう指導を受けました。左拳を口元まで上げ、一拍子の打ちで面に乗るということですが、今でもなかなか納得のいく打ちはできません。

そこで八段審査本番において、中心を割って打ち切る面を体現するためにどんなことに注意して稽古すればよいかを考え、次のことについて実践しました。

一、先の気持ちを忘れず、立ち上がった位置から一歩も退かない稽古
二、相手が攻め入ってきたら攻め返し、乗り返して面に乗る稽古
三、相手が攻め入ってきたら応じる稽古
四、どんな相手と立ち合っても、２分間は、かならず「遣う」稽古

そうした稽古に徹することで本番でも意識しなくても体が覚えてくれたことを体現できると思います。

平成19年５月２日の審査会におきまして幸運にも合格させていただきましたが、どう遣ったかほとんど覚えていませんが、一つだけ記憶に残っていることは、二次審査のときだったと思いますが、立ち上がりから相手が攻め入って小手に色を感じた瞬間に無意識に面に乗ることができました。

これからは、今まで指導していただきました多くの先生方、先輩、仲間に感謝し、少しでも恩返しできるよう努力精進したいと思います。

見直した素振り
下半身始動で空間打突が変わった

013

林　勝幸（兵庫県・警察官）

はやし・かつゆき／昭和32年熊本県生まれ。柳川商業高から兵庫県警察に奉職。主な戦績として、全国警察官大会優勝、国体出場などがある。平成19年5月、八段合格

八段審査資格を得てから7回の不合格、8回目にしてようやく合格に至ったのですが、受審するたびに自分の力不足を痛感させられました。しかし、このことが自分の剣道を反省し、いろいろと考え直す、よい機会になったと思います。また、八段審査をくり返すなかで私は、日本剣道形と素振りの重要性を深く感じるようになりました。

日本剣道形では、理合、呼吸法、所作（礼法）を修得することができ、とくに八段審査に必要な刀法

も同時に体得できると思っています。そして、素振りには一連の動作の中に攻め、溜め、気位などを極めるための要素があると考えており、それらを修得することを目的として日々課題と意識をもって行なうようにしてきました。

私なりの稽古（とくに素振りと打ち込み）について紹介させていただきます。

素振りの振り上げ振り下ろしは左手主導で行なう

まずは上半身です。鏡に向かって行なうと効果的です。

一、左手の位置（中段の構え）は、左手の親指の第一関節がへその前一拳前にくるようにする。これは個人差により多少変わると思いますが、自然におさまる位置をさがします。

二、振り上げ振り下ろしは、左手が主導で行なう。右手の力みに注意し、刃筋が正しく上下しているか確認しながら行ないます。

三、正面を打つときの竹刀の振り下ろしは面の位置。このとき両手の親指を内側に絞り込むようにし、左の引き手は右の押し手の調和に気をつけ、打突部に冴えが生じるイメージで、（一）（二）の項目を一拍子で行ないます。

次に下半身です。以前、私は素振りを行なうときは上半身から始動していたのですが、現在は右足（下半身）からの始動を心がけています。

一、上体は中段の構えで動かさず、右足から始動する。上体の始動を遅らせることにより竹刀を振るスピードを求めることができると考えているからです。

二、右足から始動するときには（体の移動は）左足に対し、溜め・緊張感をもたせ、左手で竹刀を振り下ろすと同時に素早く左足を引きつける。このとき正しい面打ちのスタイルを完成させます。

以上を留意し、素振りから上半身と下半身の動きを修得し全体のバランスを考えた一拍子の振りを心がけています。

空間打突は大きな面打ちにこだわる

次に空間打突です。素振りで述べた要領を、空間打突に取り入れた面打ちを行ないます。

一、始動は右足から動き、振り上げは少し遅らせる。このとき左足に溜めを作り、腰の水平移動（へそを相手に向け移動）に心がけ、右足の踏み込みと、振り下ろしを同時に行ないます。このときに左足の引きつけに留意し、打ち切りの面打ちに心がけます。

二、振りかぶった面打ちにこだわった稽古を心がける。あらゆる技は打てたからいいのではなく、肝心なのは技を出すまでに、いかに攻め、いかに溜めて相手の心を動かし、構えを崩すかという過程が大切なのです。とくに振りかぶった面打ちは、なかなか打てるものではないと思っていますが、私はあえてそこを求めて稽古に励んでいます。

また、振りかぶって大きく打ち下ろす面打ちを身につけることによって、剣道観が変わるように思います。大きな打ちを求めることは、攻めの強さ、厳しさ、溜めや、機会の見極めなど諸々の要素を追求することにつながり、風格や品格が自ずと備わってくるものと考えています。

以上のことをつねに頭に置き、自分自身もますます剣道に精進していかなければならないと思っています。

最後に、八段を受審される方は、各々課題を持ち、こだわりの稽古を積まれておられると思います。合格するには当日、「いかに平常心で本番に臨めるか」「自分の力を出し切ることができるか」「二次審査まで集中力が持続できるか」という点に尽きると思います。

いつも気持ちを剣道に
365日竹刀を握らない日をつくらない

014

入舟忠司（福岡県・会社員）

いりふね・ただし／昭和27年福岡県生まれ。三池工業高卒業後、三池石炭（三池鉱）に入社。主な戦績として、全日本選手権、国体、全日本東西対抗出場など。平成19年11月、八段合格

左腰を押し込む、湧泉で踏む
左半身を意識した稽古をくり返す

八段を受審するにあたり、左半身を意識した稽古を心がけて行ないました。具体的には、左手の握り

をしっかり握る、左腰を押し込む、左の膕《ひかがみ》を軽く張る、左の湧泉《ゆうせん》をしっかり踏ん張るといった具合です。これで構えもしっかりし、つねに相手の中心を攻めるかたちと逆に攻めに対して動じない対応ができるようになった感があります。効果としては打ち込んだときに体の崩れが少なくなり、打突の強さが増しました。

また、稽古の内容的には、できるだけいろいろな先生方と稽古をお願いしました。一人ひとり攻防の癖や機会が違っているので、どんな相手でも臨機応変に対応できるようにしたいという気持ちで稽古をしました。

最後にこの部分がいちばん心がけたことでもありますが、重要だったなと思うのはなんといっても「気力」であったといえます。

私は地域的にも仕事上も常時、高名な先生や八段の先生方に稽古をお願いできる状況ではないので、その点が審査を左右したのではないかと思っています。

腹筋・背筋・握力
この強化で腰の入りがスムーズに

1年365日竹刀を握らない日や、体を動かさない日をつくらないことを心がけました。道場での稽古がない日は素振り、ウエイトトレーニング、縄とび、階段ダッシュと体をつくっていました。とくに腹筋、背筋、握力はしっかりやりました。腹筋、背筋を強化したことで打ち込みの際に腰の入りがよくなったように思います。握力は自分の手が小さいので竹刀の握りがしっかりできるように毎日鍛えていました。

また、仕事で心がけたポイントは、仕事によって剣道の強化ができたことが大いにありました。私は昭和45年18歳で三池炭鉱に入社以来、炭鉱閉山までの28年間、地下５００メートルの坑内で仕事についていました。この会社には実業団剣道があり、現在、範士八段になっておられる古庄盛真・河口節喜両先生をはじめ多数の剣士がおられました。

地域的にも大牟田は実業団剣道が盛んで活気がありましたので、私も必然的に実業団大会に参加するわけですが、ある大会で敗れたときに仕事を言い訳にしたことがありました。確かに坑内の仕事はたいへんきつく苦しい作業が多かったのですが、そのときの古庄先生の「給料をもらって体を鍛えていると思え」のひと言で目が覚めたというか、考え方が変わりました。それ以降はつらい仕事も自分のためといった具合に前向きな考え方ができるようになりました。稽古も然り、つらい稽古も自分のため、という考えで取り組むことができるようになりました。

＊

剣道の持つ特性から競技人口的に高段者また実績のある先生方、一般的に強いといわれる先生方は警察関係、教職関係に多くいらっしゃいます。それは、素質はもちろん、稽古の量・質ともに専門的な教えを受けてこられた結果当然ですが、私はまったくそのような訓練は受けていませんでしたし、教えも受けていません。しかし、今回の審査で合格することができました。

一般の剣道人でも先生方のご指導、ご意見を拝聴したり、稽古をつけていただくことはもちろんのこと、剣道に対する熱意、姿勢、工夫、努力を自分なりに考えて稽古し、審査のときは自分自身を信じて一生懸命打ち込むことだけに集中してほしいと思いました。

過去10回不合格
剣道の要素を根本的に見直した

015

三浦順一（香川県・警察職員）

みうら・じゅんいち／昭和30年香川県生まれ。琴平高から国士舘大に進み、卒業後、香川県警察に奉職。主な戦績として、全国警察官大会、国体出場などがある。平成19年11月、八段合格

私は、この度の八段昇段審査合格までに、過去10回挑戦し一度も一次審査に合格したことがありませんでした。内心、今回の審査で一次審査不合格ならば、八段挑戦をあきらめようと思っておりました。それは、過去10回の挑戦で、なんら合格の兆しがないということは、自分の剣道がどこか根本的な欠点があるということを意味すると思っていたからです。もう一度、自分の剣道を見直そう。そう決意してから半年間、今までの審査会を反省・検討しながら、これまでとは違った稽古方法を取り入れました

が、それが今回の合格につながったとすれば、それが今回のテーマである「合格の秘密」ということになるのでしょうか。

しかし、どの段位に挑戦するにしても、剣道の稽古に秘密なんてことはあり得ないと思います。古からの教えにもあるとおり、基本のくり返しと、それを実戦で生かすための稽古の練りに尽きると思います。ただ、その内容は「剣の理合」に沿った、審査員の先生方が納得するものでなければならないということは言うまでもありません。

以下に、私の常日頃の取り組みについて、ご紹介したいと思います。

切り手・気攻め・間合・機会稽古で心がけた四つのポイント

一、切るという意識

昇段審査の立ち合いの時間はわずか2分、その中で有効打突をいかに出すかを考えたとき、どうしてもパワーとスピードに頼った、いわゆる刺し面のような打ち方が有利なように感じます。しかし、八段ともなりますと、当てた技と切った技では、評価はまったく違ってきます。

私は、中四国の合同稽古会で再三、山口県の古田坦範士から「大きく振りかぶって、当たる瞬間、手の内を利かせ、剣先を走らせて切るように打て」とよく指導を受けました。

手の内の作用には、「切り手」「止め手」「死に手」などがありますが、やはり打突部分をとらえる瞬間は、「切り手」にならなければ打突に冴えは生まれません。

それが、自然にできるように、素振りで手の内を締める際に、「押し手」と「引き手」の作用を確認しながら一本一本を丁寧に振ることを心がけました。

二、気攻め

私は高校、大学、県警特練時代まで、ずっと試合に勝つことを重点に剣道をやってきましたので、攻めて、崩して、打つといった剣道本来の理合からかけ離れた剣道をやってきたように思います。

ですから「打とう、打たれまい」の気が強く、それが原因で打突の機会でもないのに自分勝手な技を出すなど、その癖がなかなか抜けませんでした。本年、京都の審査を終え、その悪癖をどうしたら克服できるのかを考えました。

幸い地元の先生方から「打たれる稽古」というものを指導していただきました。「自分のすべてを相手に与えて、打ってくださいという気持ちで間に入れ、そうすれば必ず相手は動く」、そこを見逃さず打つのだと。

すべてをさらけ出して間に入るのは、ほんとうに怖いものです。しかし、打ってくるところは、「面・小手・突き」しかないのだから理想的には、その打突部位のすべてに対応できる心持ちで間に入れ、千手観音の剣道をしろといわれましたが、なかなかそうできるものではありません。そこで、とりあえず打ち間の入り方に重点を置いたのです。

三、間合

一般的には、一足一刀の間から一拍子で打つことが最善のようにいわれていますが、私は、一足一刀の間は、打ち間ではなく、いわゆる「生死の間」だと考えます。

ですから「切り結ぶ太刀の下こそ地獄なれ一歩進め後は極楽」というように、そこから打ち間にどうやって入るかを研究しました。今まで一足一刀の間から面に出ていましたが、そこでは相手に自分の気、あるいは攻めが通じず、出頭を押さえられたり、抜かれたり、「間」を切られて身体が開くことも多々ありました。

その欠点に気づいてから常日頃の稽古では、一足一刀の間で相手の呼吸をはかり、技の起こりの兆しが感じられたときに、間をスッと詰めて、あとは相手の出方に応じて、出てくればその出頭を打ったり、応じたり、引かば、さらに詰めて追い込むというふうに、つねに先を取る稽古に努めました。

四、機会

香川県では月に一度、県下の合同稽古が開催されますが、そのなかで高校時代からの恩師である村上済範士から「打つ技よりも打つべき機会を研究せよ」と指摘を受け、八段審査の数ヶ月前だというのに、改めて自分が未だ自分勝手な剣道をしていると反省しました。

「打つべき機会は相手の心中にあり」相手の心を動かさないかぎり打つべきではないのです。平成10年に参加した西日本中堅剣士講習会で、大阪の西善延範士に稽古をお願いした際、遠間から思い切って面に跳んだときも、喉元を突かれ、それでも二度三度と続けて面に跳んだのですが、「3回も同じことをくり返すのはなにも考えてないのと同じ、相手の剣先が利いているのなら三殺法というものがあろう、もっと工夫すべし」と注意を受けました。以来、相手の手元が動じるように、攻めて、溜めて、崩して打つ工夫をしました。

書物で立合をイメージ 剣道の定石を勉強した

稽古以外のときは、もっぱら立合のイメージを描くために、持田盛二範士と小川忠太郎範士の稽古日誌を綴った『百回稽古』を何度も読み返しました。百回の稽古のなかで、その都度その都度、これが最後という気分で攻め方を変え、構えを変え、ほんとうに息をのむお二方の並々ならぬ執念が伝わってきて、相手と対峙したときのイメージづくりに役立ちました。堀籠敬蔵範士の『剣道の法則』からは、古歌を通じての剣道の定石とか、現代剣道が忘れつつある剣道本来のあるべき姿といったようなものを再確認することができました。

また、仕事で心がけたポイントとしては次のことが挙げられます。私は昭和63年に香川県警察の剣道特練から、現勤務地である四国管区警察学校の体育指導の専門職として配属されました。仕事の内容は、管区内四国4県警察の警部補、巡査部長の昇任試験に合格した者に対する、いわゆる幹部教養の一環として体育の授業を担当しております。授業の中で、学生らとともに身体を鍛えることができ、その点では本当に恵まれた環境にあったと思います。ただ、剣道特練時代と違い、勤務時間内で剣道はできませんので、稽古の不足を補うために丸亀市内の武道館や近隣の道場に通わせていただきました。

剣道が上達するためには、よい師につけといわれますが、私の場合、高校時代から現在まで本当によい指導者に恵まれました。高校時代は現香川県剣道連盟会長の村上済範士、大学時代は大野操一郎範士、矢野博志範士、香川県警察時代は植田一範士、現役引退後は宇多津町の修猷館道場館長・谷川猛美範士に指導を受けることができました。また、前香川県剣道連盟の多田昇会長には、平成10年に西日本中堅剣士講習会、また、西日本剣道指導者講習会などに参加させていただき、日本を代表する多くの先生方の指導を受けることができました。

京都の合同稽古、中四国合同稽古には、香川県の八段の先生方から一緒に来いということで誘っていただき、皆様のお陰で今回の八段合格につながったものと深く感謝しております。

キレのある打突は下半身から稽古ができない日はウォーキングを励行

016

栗崎敬一（熊本県・教員）

くりさき・けいいち／昭和34年熊本県生まれ。鎮西高から大阪体育大に進み、卒業後、熊本県教員となる。主な戦績として、全国教職員大会、丸目蔵人顕彰七段選手権大会出場などがある。平成19年11月、八段合格

転機となった中堅剣士講習会八段審査への挑戦を決意する

ここ8年ほどは、月に2回から3回の稽古しかできず忙しい仕事をやりくりしながらなんとか稽古を

続けてきました。そのような折、私にとっての転機になったのが全剣連主催の剣道中堅剣士講習会に参加する機会を与えられたことです。この講習会には各都道府県剣道連盟の中核（七段）となる剣士が集い、錬成強化と指導力の養成をはかることを目的として開催されています。

連日行なわれた朝夕の稽古会や指導法は、防具をつけての稽古が中心でかなり厳しい内容でした。ここ数年の私自身の稽古や剣道への取り組みを考えると、この4泊5日の講習会は、私にはとても衝撃的なものでした。切り返し、打ち込み稽古、掛かり稽古、基本稽古等々は大学以来の厳しい内容であり、ついていくのがやっとでした。

とくに、基本稽古を中心とした内容が多く、剣の鋭さ、足運び、体さばきなど基本の大切さを身をもって体験することができました。この5日間は私自身の稽古への取り組みや剣道に対する姿勢・心構えなど、まさに初心にかえって自分自身を見詰め直すよい機会になりました。

この講習会を通して自分自身の課題が明確になり、秋の八段審査への挑戦の気持ちが固まりました。課題が明確になったことで、審査までの稽古の取り組みに見通しが持て、日々の稽古が充実していきました。

再考した左手の位置
突きが自然に出る場所を探した

日頃の稽古の中で指摘されていた一足一刀の間合からの打突、それにともなう中心を取る攻めと打突の機会を逃さない気の充実に心がけました。今まで懸かる稽古が不足し、いつしか近間での打突をしていたため、もっとも大切な一足一刀の間合からの打突ができず、手先だけの稽古になっていたと思います。

一足一刀の間から打突をするためには、左足のためや下半身の強化が必要と考えました。私にはこれといった実績があるわけではありませんが、自分の剣道のスタイルはキレのある面が打てることだと思っています。

生徒には「打たれる稽古をしなさい」と指導してきました。打たれまいとすることで技が小さくなり、思い切った技が出せなくなってしまうケースが多く見受けられるからです。このような指導をしていた私が打たれないような稽古になってしまっていました。

もう一点は構えです。これまで充分な稽古ができなかったことや自分自身の力不足もありますが、納得できる打突ができず悩んできました。その要因として、構えたときの左手の収まりができていないことに気づき、数年前に上をめざすなら「左手の構えが収まる」ことが必要だとご指導いただきました。

そのときは、私も漠然として聞いていましたが中堅剣士講習会の折、講師の先生に左手の構えについてお尋ねしたところ、「体に収まっていること」、「左手の振り上げが容易にできること」、「突き技が自然にできる構えであること」のご指導を受けました。早速、取り組んでみましたが、現在でも左手の構えが充分できているかはわかりませんが、構えが楽になり、攻めや打突が安定してきたように思います。

上記のことを踏まえ、審査を受けるまでの期間の中でもう一度、原点に戻り正確な打突や一足一刀の間合からの打突を心がけてきたことが、今回の昇段につながったと思います。しかし、まだまだ納得のいくところまではいっていません。

立合は攻めて打つに集中
中心を外さないことを心がけた

最近は、週2回の稽古を続けてきましたが、1時間の稽古では前半を基本稽古、後半を互格稽古という内容で取り組んできました。しかし、どうしても稽古量からすると充分とはいえず、自分でもどうにかしたいという考えはありますがなかなか難しい状況にあります。

前述のとおり一足一刀の間合からの打突ができる瞬発力を身につけることや稽古不足からくる下半身の衰えから、足腰の強化がまず必要と考えました。

現在、中学校の教頭という職にありますが、週10時間程の体育の授業を受け持っており、子どもたちと一緒に準備運動や体を動かす機会ができ、体づくりに取り組んできました。また、毎日の戸締りでは運動靴にはき替え、できるだけ早足で歩いたり、自宅に帰ってからのウォーキングを毎日続けることで足腰の鍛錬を行なってきました。

八段審査への挑戦ははじめてでしたので、とにかくこれまでの稽古や自分自身の剣道を出し切ることだけに集中しました。立合では姿勢や所作については、これまでの稽古で身についていると自分自身に言い聞かせるようにしました。

立合中は中心を外さず一足一刀の間合からの打突を意識し、打突の機会を逃さず思い切って打つことを心がけました。実際には無我夢中で、これでよかったのかわかりませんが、相手に集中し、自分の持ち味である「攻めて打つ」ことが充分にできたと思います。さらに、日頃は出せない技が無意識のうちに出せたことも合格の一因かも知れません。また、初挑戦でしたので合格を意識せず、無欲で臨めたことが好結果に結びついたと思います。

最後に、日頃から懇切丁寧にご指導いただきました先生方や一緒に汗を流した仲間、そして理解してくれた家族に心より感謝しています。まだまだ、剣道はもちろんのこと人間的にも未熟であり、この八段合格を契機に自分自身を高め、剣道の修行にもこれまで以上に精進していきたいと思います。

より強く、より速く、より遠くへくり返した40分間の基本稽古

017

金子信仁（福岡県・会社員）

かねこ・のぶひと／昭和27年福岡県生まれ。福大大濠高から福岡大に進む。三角卯三郎範士、実父金子誠範士の指導を受ける。平成19年11月、八段合格

平成16年後半より八段受審を意識しスポーツジムに通い始めました。これは現在より腹筋、背筋、脚力、肩力が必要だと考えたからです。そして稽古では、より強く、より速く、より遠くへを意識して打ち込みました。

また、稽古では蹲踞から立ち上がって20秒から30秒は微動だにしないことを意識しました。審査において、身構え、気構えが相手から、また第三者からみて迫力あるものにするには日頃の稽古で上記のよ

うな稽古を意識して行なう必要があります。

　そこで、今年の5月より週2回、30分から40分の基本稽古を始めました。この基本稽古を行なう日は、地稽古は一切行なわず、基本のみを行ないました。基本打ちの動きを身体に覚えこませて終わりたかったからです。基本稽古の大切さはみなさん充分わかっていると思いますが、実際に稽古をするときに30分以上も時間をかけて行なうことはなかなかないと思われます。

　また、日ごろ基本稽古をしても、地稽古や試合をしたときに基本稽古で出した打ちと違う方が多いように感じられます。日頃の地稽古のときに基本稽古で出した打ちを意識しながら稽古をするとよいと思います。

　そして日頃の稽古は目上であろうが目下であろうが、常に先をかけ、自分が先に打ち込むことを意識しました。

　剣道の基本は常に先をかけることだと考えております。とくに審査などは見事な応じ技より先をかけて面を打つことが大切なのは周知の通りです。

自分に合った剣道目標マップを作成した

018

長納憲二（兵庫県・教員）

ながの・けんじ／昭和36年大阪府生まれ。清風高から国士舘大を経て、現在、兵庫県滝川第二中学校・高校教諭。平成20年5月、八段合格

目標設定が大切
合格後のライフスタイルも考えた

32歳で七段に昇段（同年教士称号）させていただき、46歳までの年数が14年間（規約では七段受有後

10年）ありました。その間の剣道修行としては、あまりの期間の長さに何をどう修行していけばよいのか、目標を失いかけていた時期がありましたが、八段受審直前にバタバタしないように常日頃から目標設定を致しました。

全剣連・学剣連主催の公式試合には通算29回の全国大会に出場させていただいておりますが、試合も普段の稽古も同じ（試合のための剣道稽古や試合を捨てて稽古のみという考え方ではなく）ようにスタイルを変えないで修行することが大切であると考えております。

目標設定の仕方としては剣道マップ的な、身体的には八段合格を目標としますが、合格後のライフスタイルまで考える必要もあります。私独自のマップですからこれから八段をめざされる先生方におかれましては、それぞれ自分に合った剣道目標マップを作成されてみてはどうかと思います。

①出稽古	②丹田呼吸法	③剣道形
④足腰の強化	**八段**	⑤諸先生方の教えの実践
⑥捨て身	⑦初太刀	⑧鋭い攻めシャープさ

①〜⑧の
どれか１つ

⑦

捨て切る	間合の問題	一挙動で足を継がない
勢いが大切	**初太刀**	先をかける
面技を中心に	気を養う	相手と一体となる

稽古前、稽古中、稽古後に心がけた10項目

目標設定マップのどれをとりましても大切な事項ですが、とくに稽古で心がけたことを挙げてみます。

一、着装。剣道衣・袴の丈の長短、色あせたものを使用しないこと（稽古前、品位の心がけ）

二、防具の着装、結び方。とくに面紐の位置や面布団のはね上がったものや垂れ下がりすぎにも注意し、汗で塩が付着した防具の使用も要注意（外見からの第一印象も大切）

三、稽古では立礼から蹲踞・立ち上がりを充実させる。目礼の時点で立合が始まっているので、一撃一瞬で勝敗が決するような気位で臨むこと（気位の心がけ）

四、間合は遠間から一足一刀の間合までが大切と考えること（触刃から交刃までの攻め間で気競り合いをする）。どの間合に入っても、つかえるようにしなければならないが、とくに遠間大技で稽古を心がけ、捨て身で掛かる（ダイナミックさ、勢い、シャープさ、メリハリ、打ち切り）などを体得する

五、面技主体に稽古する。攻め崩して面を打てるだけの強い気の攻めで、相手を動じさせることが大切。出発点が捨て身であるから、技で打とうとしてはいけない。気（心）で打つこと

六、1分45秒のまとめを稽古する。相手と一体となり、時間の配分に気を配る（前半、中盤、後半）。立ち上がりの第一印象、着装、構え、発声、攻め合い、打突の機会など。中盤にはどの機会に、いつ技を出すのか、技の出し方は基本に忠実に出せたかなど。後半は相手をどうつかったか、どう締

めくくれたかなどの心がけが大切

七、ひっかけ技から入らない。技や気が半気になり、打つより当てになる。また、相手の打突を突っ張らず応じて返すよう心がける。突っ張りは技の出遅れとみなし、先ではなく待ちであると思うこと

八、稽古中の後ろ姿を見ていただく。稽古中の背後は自分ではわからず、着装面、姿勢、とくに構えた時の立ち上がりの左足（撞木足）、跳ね足等の矯正に役立つ

九、稽古後は防具の手入れ（とくに竹刀に関しては時期により柄が長く感じたり、短く感じることがあり、剣道そのものが上達段階によって変化する）のこと。また、柄皮の縫い目の曲がり方により手の内・握り方の癖がよくわかる。柄皮はできるだけ新しいものを使用し、常に手の内・握り方を研究する。竹刀は稽古後の手拭いで打突部位を拭くなどして手入れする。竹刀については一番重要ともいえる、体の一部とみなし、自分に合った握り、太さ、長さ、重さ、節の位置、バランスなど、統計を取って記録する。身長、体重によって好みもちがう

十、先生方、稽古仲間からの助言、アドバイスを謙虚に聞き、素直な心で稽古に臨み、次の稽古に備える

私は滝川第二中・高等学校保健体育科教諭として奉職しております。役職として生徒指導部長を仰せつかり、また、剣道部総監督としてクラブ活動の指導にあたっております。仕事で出張や生徒指導面等で稽古できない時期があり、出稽古も生徒たちとも稽古の時間が取れそうにない時は、保健体育授業・正課剣道の授業時間帯に体を動かし、稽古の補助運動に努めます。ストレッチや素振り、鏡での一人稽古など。またクラブ生徒たちを相手に稽古する場合、教育的配慮も必ず視野に入れますが、自分の稽古の質、内容が悪くならないよう稽古に臨みます。

たとえば打突は大技のみ、間合は遠間から、面技主体に初一本（初太刀）だけは必ず取るようにと、制約しながら稽古させていただきます。

上位の先生方にかかるほど、気の錬り、気をいただくことは期待できない分、基礎・基本を忠実に心がけております。そうすることで稽古が悪くならないよう努めてまいりました。

剣道の原点に戻れた全剣連フランス派遣

今から約10年前のことですが、１９９８年から約6ヶ月間、全剣連からフランスへ剣道指導者として派遣された時のことです。上位の先生は好村兼一先生（現教士八段）のみで、すべて六段位～初心者までの指導でした。その指導を通じ、基礎・基本、剣道の研究を原点に戻り、勉強致しました。制約しながらの稽古、諸先生方の書籍数冊持参で研究させていただいたことが今になってすごく感謝の気持ちでいっぱいです。

とくに、持田盛二先生・小川忠太郎先生の『百回稽古』（体育とスポーツ出版社刊）、宮本武蔵の『五輪書』（渡辺一郎校注）、松本敏夫先生研究書籍など、剣道書籍をフランス滞在の師匠として研究させていただいたのが私の剣道転換期だったと確信致します。

日本に帰り、出稽古場所で諸先生方から「稽古が良くなった」「だれに稽古をお願いしたのだ」「内容も質も良くなっている」と褒めていただきました。

上位の先生方にお願いすることは一番大切なことでありますが、それ以上に剣道そのものに対して研究する熱心さや、諸先生方のアドバイス・助言を澄みきった心で、素直に謙虚に受け入れる心を持つことが一番大切であり、それを忠実に実行して体得することで上達するのだと確信しております。

範士十段持田盛二先生遺訓でもありますが、基礎・基本を頭にしまい込んだままではいけないことが理解できました。

私の場合、教職員として仕事に恵まれたこともありますが、全剣連フランス派遣の6ヶ月間があったからこそ剣道の原点に戻れたこと、仕事を与えていただいたことにも深く感謝しております。全剣連主催や地元の剣連主催の諸行事にも積極的に参加し、ますます剣道の発展に貢献できますよう努力したいと思っております。

剣先は低め中結付近に我慢を覚え機会が見えてきた

019

八木沢　誠（東京都・大学教員）

やぎさわ・まこと／昭和36年秋田県生まれ。秋田商業高から日本体育大を経て、現在、日本体育大学教授。平成20年11月、八段合格

昨年の11月に行なわれた昇段審査会において八段に合格できたことは、これまでご指導いただきました諸先生、先輩、そして日々新鮮な刺激を与え続けてくれた学生たちのおかげと感謝しております。

剣道を行なう目的はそれぞれの年齢、経験年数、段位に応じてさまざまですが、修行の過程の中で自分の剣道を他者から客観的に評価をしてもらう「昇段審査」を一つの指標・目標としてとらえることは重要な意味を持つものと考えています。

私は一昨年（平成19年）の11月から受審資格を得て八段審査に挑戦し始めました。一度目の審査では幸運にも一次審査は通過したものの、二次審査ではあえなく不合格。暗中模索のまま臨んだ二度目の審査では当然のことながら一次審査で不合格でした。二度の審査を振り返ってみると、自分自身が「自分の剣道」をよく理解していないことに直面し、そのことをいかに克服していくかが審査に向けての大きな課題となりました。

構えの見直し
剣先の高さと置く位置を

剣道における打突技術の構造を考えた時にまずはじめの要素として「構え」が挙げられます。当然のことながら攻防の要となるわけですから、これまでも「美しく」、そして相手に「大きく」「強く」映ることを意識して構えていました。しかし、攻防場面における具体的な対策・対応について確固たるものがあるわけではなく、ここに「自分の剣道」が理解できない原因があると気付かされました。

そんな矢先、つねに私の身近で稽古している仲間と、私の剣道について意見交換する機会がありました。その中で特に「剣先の高さ」と「剣先を置く位置」について指摘を受けたわけですが、まさに自分では気付いていない要素であったために大いに納得し、すぐに稽古で実践してみたところ、これまでとは異なった感覚で稽古ができるようになりました。

以降、稽古前には相手をイメージしながら鏡に向かって構え（とくに剣先の高さ）を入念に確認し、稽古における課題が歪まないように意識をするようになりました。

打ちたい感情を抑制
胆で攻め返すことを心がけた

構えの次にくる要素は「攻め」です。これまでは「一足一刀の間」に入ると勝手に「攻めた」「打突の機会」だと勘違いをし、簡単に技を出しにいったように思われます。要するに「打ち急ぎ」「引き出される」「攻め負けた」ようにしか映らない技の出し方です。見方によっては「思いっきりが良い」などと言ってくださる方もおられましたので、失敗した時や応じられた時はその言葉を頼りに自己満足（逃避）していた時もありました。

しかし八段審査ではそのような逃げは通用しません。そこでいかに打ちたい感情を抑制し、打たれるという恐怖感を緩和するかと考えた時、前述の「剣先の高さ」と「剣先を置く位置」が効果を発揮するようになりました。要するに、剣先を低めに、しかも中結付近に置くことによって、慌てる気持ちを抑えることが可能になり、攻め返すことができるようになりました。もちろんその時には形だけではなく、気持ち（胆）が包含されていることは当然のことですが、こうして「構え」と「攻め」が連動することにより我慢することを自覚し、これまでとらえることのできなかった機会が、見えてきたように思えます。

自分に自信を持たせる居つきや対応の遅れがなくなった

しかし我慢すると口では簡単に言えても、緊迫した攻防の刹那に心身ともに充実した状態で我慢することは容易ではありません。場合によっては「居つき」「反応の遅れ」などの逆の局面を招いてしまうこともあり得るわけです。そこで最終的には自分で判断を下すことに対して、自分自身に自信（責任）を持たせる工夫を試みてみました。

このことについては、古くから先人たちがさまざまな教えや方法を唱えてきたことですが、私の場合は稽古前のウォーミングアップに独自のルーティーンを設け、それを滞りなく行なうことによって「これで大丈夫」といった自己暗示をかけて稽古や審査に臨んだことが、これまで試合経験に乏しい私には効果的に機能してくれたと感じています。

私は以上３点をとくに意識しながら稽古に取り組みましたが、審査の約１ヶ月前からは審査当日をイメージしたルーティーンの中で生活することも極力心がけました。そのおかげもあり、審査当日は自分自身の課題を克服することのみに意識が集中できたおかげで、相手にとらわれることなく、比較的落ち着いた心理状態の中で立ち合えたことが良かったと自分で感じております。

初太刀の面を常に意識集中力が格段にアップした

020

安部壽和（東京都）

あべ・としかず／昭和27年山形県生まれ。酒田東高から防衛大を経て、自衛隊に入る。平成20年11月、八段合格

剣道八段というのは私とは全く縁のないものと思っていたことと、自衛官という職業柄ほぼ2年ごとに全国各地を異動していたことなどから、各勤務地で稽古は続けていましたけれども、受審資格を得てからもしばらく挑戦することはなく、初めて挑戦したのは資格を得てから7年目のことであり、現在の東京勤務となった年の平成18年11月のことであります。

それ以来、本格的に八段を意識するようになり、5回目の挑戦（二次は3回目）でこの度合格させて

いただきました。これまでご指導いただきました諸先生や稽古をいただいた方々に対しまして、この誌面をお借りし改めて深く感謝申し上げます。

この度、原稿執筆の依頼を受け、特段推奨したり披露したりするようなこともなく躊躇しましたが、何か参考になることがあればという気持ちで、私なりに取り組んだことについて書いてみたいと思います。

二つの見直し 基本と稽古のやり方

私が審査を意識するようになってから変わったことというのは、一言でいえば審査に対する心構えが変わったということにつきます。1回目の審査で図らずも一次合格の評価を得て以来、八段に対する強い意欲が沸いてきて、稽古や日常の行動においてその意識が大きく変わりました。

一、基本の見直しから始めた

1回目の審査終了後、ある先生から「八段審査とは守破離の守の完成度を見るのだ」という言葉をいただき、これを契機に剣道に関する書籍、とくに八段審査に関する書籍を読みあさり、諸先生のご指導、着眼点などを勉強し、自分の姿勢、構えなど基本の見直しから始めました。

恥ずかしながら、これまで自分が剣道の基本に関していかに不勉強であったか、いかに曖昧な気持ちで臨んでいたかを思い知らされると同時に、逆に新鮮な感覚で諸先生の教えを受け入れることができました。長年月にわたり身に付いた個癖の矯正は容易なことではありませんでしたが、自宅に姿見を用意して、天井に当たらない程度に短くした竹刀で、常に自分の姿勢、構えをチェックするとともに、手の内のおさまり具合、正しい振りができているかどうかなどをチェックしました。このことが常に審査に対する意識を持たせ続けたと思いますし、実際の稽古においても自然と正しい姿勢、構えがとれるようになったと思っています。

二、稽古のやり方を見直した

私の稽古の主体は自衛隊朝霞駐屯地での週2〜4回、約1時間程度の稽古であります。以前はどうしても互格稽古が中心で、ともすれば馴れ合いで集中力を欠いていたこともあったと思いますが、審査を意識するようになってからは、貴重な時間を有効に活用すべく稽古のやり方、質を変えるようにしました。

具体的には、書籍や講習会での諸先生の教えをよく理解し、これを稽古で実践するようにしたこと、お互いの稽古においても、本番の審査時間に合わせて組み立てを反復するようにしたことなどであります。その中でもとくに「審査では自分の得意とする技を100%出し切ることだ」というある先生の教えに従い、「相手の先を制する初太刀の面」を打つことを常に意識して稽古し、結果として稽古への集中力が格段に増したと思いますし、実際の審査においても、臆することなく初太刀の面を打つことができたと思っています。

充実した発声が大事
ケガの防止にも気を配った

審査は年2回だけであり、体調不良によりせっかくの審査の機会に万全の態勢で臨むことができないということは絶対に避けなければなりません。そのため、普段の健康管理には十分に気をつけました。その中でとくに気をつけたのは声であります。私の場合はやや甲高い気合を充分に発することができるかどうかが、立合に大きく影響します。

一度審査において声嗄れのために思うような気合を発することができず、集中力を欠いてしまい無惨な結果になったことが大きな教訓となりました。日頃からうがいを励行するとともに寝る時には部屋が乾燥しないようにし、また、マスクをかけて喉の渇きを抑えるように心がけました。

次に、ケガの予防に注意を払いました。普段の稽古においても準備運動はよくやっているつもりでしたが、ある冬の寒い日の早朝の稽古において、左足ふくらはぎの肉離れを起こしてしまいました。5月の審査を控えて3ヶ月前のことであり、ケガの怖さを思い知らされた経験でした。それからはケガの予防には細心の注意を払い、準備運動を従前以上に十分にやると同時に、ふくらはぎ、肘、手首、かかとなどをサポーターで防護するようにし、その結果、ケガを未然に防止することができ、健康管理の効果とともに今回は万全の態勢で臨むことができたと思っております。

脚力、瞬発力の源
腹筋力と腕力を強化した

立合において、相手の起こりを機敏にとらえ、間髪をいれずに打ち込むためには、基礎体力が十分に備わっていることが重要と思います。その中でもとくに重視すべきは十分な踏み込みのための脚力と瞬発力の源である腹筋力、そして竹刀を自由に操作するための腕力であると考え、これらの強化に努めました。稽古のない日はもちろんですが、稽古のある日も短時間でも腹筋運動、腕立て伏せなどの筋力トレーニングを反復するとともに、夏場には出勤前約1時間のウォーキングを心がけました。このことが私の日頃の稽古を支えてくれたものと思っています。

以上私の取り組んだことについて書きましたが、剣道の修行はこれからだと肝に銘じております。これまで私を導いてくれました皆様への恩返しと思い、八段の名に恥じぬよう一層の精進、研鑽に励む所存であります。

「『五輪書』から我慢することの大切さを学んだ」

先生方の教えを守り自分流の確立に取り組んだ

021

宮戸伸之（和歌山県・警察官）

みやと・のぶゆき／昭和36年和歌山県生まれ。新宮商業高から和歌山県警に奉職。現在。平成20年11月、八段合格

この度私が八段審査に合格させていただいたのは、岡田保雄範士八段、和歌山県警察剣道太田進也師範、和歌山県警察剣道特別訓練生ほか、多くの先生方にご指導していただいたおかげであると感謝しています。今後も精進を重ね、段位に恥じぬよう、さらなる剣道技法の向上に努めていく所存です。

素直な心と求める気持ちで積極的に県内外へ出稽古

一、稽古で心がけたポイント

八段審査に向けた稽古は、準備が大切だと思います。私は、36歳で七段審査に合格し、40歳頃から八段審査に向けた稽古を意識し始めました。その頃、ある先生から、「八段審査は受験勉強と同じです。準備が必要です。ほとんどの先生は審査に失敗してから稽古を始めますが、それでは遅いのです」との教えを授かり、その教えから私なりに、準備を怠った後の失敗は必ず後悔すると考え、後悔しないための稽古を始めました。

稽古の中で最も効果的だったと思うのは、県外への出稽古でした。私が出稽古でお世話になったのは、西日本高段者稽古会、近畿剣道連盟夏季研修会、兵庫県剣道連盟主催の稽古会、東海地方で開催される高段者稽古会でした。八段審査では、どのような相手と立ち合うのかわかりませんから、出稽古において多くの先生方に稽古をお願いし、技法の修錬に努めました。

出稽古では、剣道技法上達のための素直な心と求める気持ちを大切にし、自分の心の中で、一所懸命に素直な心で高段者の先生に対し積極的にかかる稽古と気をもらう稽古をお願いすれば、必ず何かを得られると信じ稽古を重ねました。そして稽古が終わった後も先生のもとへ行き、そこで先生方から多くの教えを授かりました。

出稽古先では、八段審査に合格させようと熱心に指導してくださる先生方らのもとに、八段をめざす先生方らが気迫に満ちた稽古に励んでおり、相当レベルの高い稽古が行なわれていました。

出稽古に赴くのは時間と費用を要しますが、必ずそれ以上の大きな財産を得ることができると確信しています。

二、日常生活で心がけたポイント

私は現在、和歌山県警察学校において剣道教官として警察官に剣道等を教える職に就いています。当校の道場は本県警察剣道特別訓練生が稽古を行なう場であり、稽古に打ち込める環境に恵まれています。私自身の平素の稽古は、警察学校の学生に剣道を教える授業があり、その合間に一人稽古をし、そして剣道特練生の稽古があればそれに参加しています。

さらに休日は可能な限り県剣道連盟の稽古や県外で行なわれる高段者稽古会に赴いています。そのように私の生活は剣道が中心となっているのです。稽古は厳しいのが当たり前ですが、剣道技法上達は稽古に励むことが重要であることは言うまでもありません。厳しい稽古の中に楽しさを見いだし、剣道を愛することが上達のために最も重要であると思います。

三、仕事で心がけたポイント

前記のとおり、私は警察官に対して剣道等を教える職に就いています。上手《うわて》に習って下手《したて》に学べという言葉がありますが、剣道未経験の警察官に対し、一から剣道を教えることによって学んだことがあります。それは、素直な心です。高段者も未経験者も技法の上達をめざすことは当たり前ですが、素直な心がなければ上達が望めないと思います。私は、高段者の先生方に稽古をお願いし、指導されたことは素直な心をもって真摯に受け止めることをつねに心がけていました。

「宮戸流の剣道をしよう」考えを改め、迷いが解消した

四、八段審査に向けて実践したこと

八段審査に向けた取り組みは、厳しさを極めました。途中、大きな挫折があり、それを乗り越えることができたとき、自分流の剣道を貫くことが大切であるとわかったのです。

八段審査に向けた稽古を開始し始めた頃は、自分が理想とする形と構えにこだわりました。腹背筋を鍛えるトレーニングも採り入れながら、少々窮屈な姿勢であってもそれを我慢しながら稽古を続けたのです。

そのような中、八段審査に挑みましたが、1、2回目の審査では、一次審査を通過することができずに不合格となりました。おまけに、形と構えにこだわりすぎた稽古により無理な姿勢で稽古を続けた結果、酷い腰痛を患い、稽古はもちろん、竹刀すら持てない状態となってしまったのでした。もう剣道ができないかも知れないと半ば絶望的になりながらも、自分の剣道を見つめ直しました。

その結果、私は八段審査を意識するあまり、自分をつくりすぎていたことに気付いたのでした。それで私は、それまでの考えを改め、今までご指導くださった先生方の教えを守り、宮戸流の剣道をしようと考えました。そう考えることによって精神的にリラックスできたのです。復活後の稽古では腰への負担が少なくなるばかりではなく、自分の剣道が進歩したように思えてきたのでした。それまで見えなかった相手との間合も見えるようになってきたのでした。

自分流の剣道は、試合においてもその成果を発揮でき、大分国体においては、県勢37年ぶりとなる5位入賞という好成績を残すことができたのでした。この度の八段審査は、幸いなことに、その好調を持続した状態で挑戦することができたのでした。

岡田範士八段は、平素の稽古において、心のリラックスを指導してくださっていました。審査当日の立合は、その教えを守り、心をリラックスさせて形にこだわらない自分流の剣道を貫くとともに、相手と対峙したときは、全身からみなぎる気迫がいかなる状況下においても出すことができるように心がけました。

審査当日の立合では、不思議なことに、どのように攻め、どのようなことをしたのか覚えていません。立合を終了した時は、2分間の立合は、これほど苦しいものだったかという感想だけでした。やはり、審査時の立合は、それほどに無心になることが必要だと思いました。平素の稽古を信じて挑めば、無意識的に技が出て、それが良い結果につながるのだと思いました。

集中力を切らさず、妥協しない一本を求めた

022

嶌末秀一（福岡県・教員）

しますえ・しゅういち／昭和30年福岡県生まれ。香椎高から早稲田大を経て、福岡県の教員に。平成20年11月、八段合格

同世代の稽古会「子龍会」切磋琢磨し、八段4人誕生

小学校6年生から剣道を始めて40数年になりますが、その間に受験のための勉強期間以外は、休むこ

となく剣道を継続することができたことが幸運だったと思います。学校の教員は稽古の時間を十分に確保できると思われがちですが、なかなかそうはいかないものです。大学を卒業して福岡に帰ってきて県立高校に勤めるようになり、私の場合は、たまたま周囲の人びとが剣道をすることを優先しても許してくれる環境だったため、気兼ねなく稽古ができましたが、一般的には教員はたくさんの仕事を抱え込み時間がとれないものです。生徒の指導と自分の稽古は別のもので、生徒を相手の稽古は引き立ててやらなければなりません。

高校時代や大学時代、それなりに選手として試合に出場してある程度は勝った経験はありましたが、大きなタイトルを獲ったことはありませんでした。ただ、稽古は好きだったことと負けん気が強かったことが、もっともっと上をめざす気持ちを持ち続けることができ、それが合格した要因だと思っています。

地元に帰ってきてどこで稽古をしようかと思っていたら、いくつかの稽古会があり参加させてもらうようになりましたが、高校時代の先生もお亡くなりになり、特定の師匠を持たないままに稽古をしていました。そんな中で同世代の仲間で稽古をし、試合に出ようということで3学年上の先輩たちが「子龍会」という親睦も兼ねた会を発足させました。そのときから、稽古をする場所などは変わりましたが現在まで続いています。今は、私が勤めている修猷館高校で木曜日に稽古を行なっています。

これまで、別の稽古に行って八段の先生に懸かる稽古もたくさんしましたが、基本的には子龍会での稽古が中心で今までやってきました。同世代での稽古ですので妥協すれば楽な稽古になりがちですが、お互いに刺激し合いながら切磋琢磨を忘れずに今も続いており、3人の先輩方が八段に合格され、私が4人目になりました。若いときから一緒に稽古をしてきて、だんだんとみんなが年をとってきましたが、

30歳代から50歳代の剣道愛好家が集まって稽古をしています。

稽古の方法ですが、場合によっては技の稽古、打ち込み、掛かり稽古をしますが、基本的には地稽古が主体で稽古をしています。とにかく妥協しないように一本一本、集中力を切らさずに大切に取り組んでいるつもりです。

10本×10セットの面打ち打突後も勢いが持続できた

大学時代に渡辺敏雄先生に小野派一刀流の形を4年間指導していただき、一刀流の切り落としについて学びました。これを竹刀剣道に活かすことができないだろうかというのが、自分の課題でした。相打ちを恐れずに相手の起こりを躊躇なく打っていけることを目標にして、そんな面が1回の稽古で一本出せるよう心がけました。

しかし、意識すれば力が入り非常に難しく、今も努力しているところです。それから、誰もが言われると思いますが、稽古での初太刀の大切さ、気を溜めて打ち切る技を出すこと、これも課題です。高校生を相手にしてもこの初太刀だけは充実した気持ちで技を出すことを忘れないで稽古しています。

体育の教師をしているために剣道の授業がありますが、いろいろな技を示範しなければならないことが若い時分から多く、姿見の前で何回も空間打突ですが、練習をしています。これは技を出した後の体の整え方などに役立ちました。また、技を出すときも、出した後も左足の引きつけが重要になります。これも意識していつでも左足が引きつけられ、体重が乗せられていることを心がけています。自然に整った姿勢が身についてくると思います。

出足を良くするために、これも空間打突ですが面の打ち込み、10本×10セットやっていました。これはかなりスタミナが必要でしたが、打突後の勢いをつける上でも大変役立ったと思います。また、ランニングを時間に余裕があるときに行なうように心がけていました。何のスポーツをやるにしても走ることは基本だと思います。

打つなら打ってみろ力が抜けて起こりが消えた

46歳から八段審査を受審し始めて13回目で合格することができました。自分では七段審査を1回で合格し、八段の一次審査に最初の3年間で3回合格し、過信していたつもりはないのですが、それから一次審査に通らなくなりました。しかし、その後も剣道の稽古法は変えずに審査に臨みました。焦る気持ちはありましたが、いつか何とかなるという楽観的な気持ちで稽古を続けてきました。

5月の京都での審査に落ちてから焦りが増して、いろいろと考えました。自分の剣道を見直した時に稽古の時も良いところを見せよう見せようという気持ちが強くて固くなり、打たれたくないことが優先して伸び伸びと技を出せなくなっていたことに気づき、そこを克服しなければいけないと思いました。打たれたくないという気持ちを捨てて思い切り技を出し、打ち切ることを心がけました。だんだんと自分にはこれしかない、打つなら打ってみろという気持ちで技を出せるようになり、力が抜けて技の起こりが掴まれにくくなったような気がしています。

そのような稽古が少しずつできるようになってきたと思っていた矢先の7月に、左足のふくらはぎの肉離れを起こし、1ヶ月稽古ができませんでした。その間は見取り稽古だけで痛みが取れて完治するまで足に負担をかけないようにしていました。

不安感はあったものの、開き直って8月の中旬から稽古を再開。結果的にケガをする以前より力が抜けて伸び伸びできるようになった気がします。稽古自体は自分で納得できるようになっていったのですが、やはり審査でそのまま出すことができるか、あの緊張感の中でどのようにできるか、本当に難しいと思います。

今回は一次審査の結果が出てから二次審査まで5時間ほどありましたので、心を落ち着けるために小説を読んで時間を過ごしました。何とか自分の剣道をそのまま出せたのではないかと思っています。八段の昇段が大きな目標だったのですが、13回の受審で落ちるたびに真面目に剣道を考えて、稽古をできるようになったことが大きな宝だと思っています。

気合を出すタイミングが大事 声の質を意識した

023

吉田泰将（東京都・大学教員）

よしだ・やすまさ／昭和35年長崎県生まれ。長崎東高から筑波大を経て、現在、慶應義塾大学准教授。平成20年11月、八段合格

竹刀の握り方、攻め口 相手を動かす工夫をした

一、地稽古の立合から最初の気合（声）を出すタイミングと声の質を意識して行ないました。具体的な

手順は、①丹田に意識を置き、張る感じを確認する。②相手を威圧する。③審査会場をイメージして自らの存在をアピールする。④落ち着いた野太い声を出す。の４段階を考えて行ないました。

二、竹刀の握り方を矯正しました。以前は右手を緩く持ち、鍔元から少し離していたものを、右手の人差し指が鍔にきちんと接するようにし、左手と右手で柄を引き伸ばしていくようなイメージで持つようにしました。

三、攻め口の工夫も行ないました。不合格となったこれまでの審査では、小手技から入ることが多く、攻めが不充分なまま打ちに出る傾向がありました。そこで中心を攻め続けて間を詰める前に気勢を充実させ、捨て身の技をくり出せるよう努力しました。あわせて、慎重かつ強い位攻めを効かせる工夫を重ねました。

四、相手を動かす攻めを考えてみました。攻めの気勢に「強さ」「激しさ」「虚をつく鋭さ」をいかに表現するか工夫しました。「威圧する攻め」「相手の心に変化を起こさせる攻め」を相手の反応を見ながら使い分け、動作としては右足つま先をスッと出してみたり、剣先を相手の竹刀に乗せてみたり、故意に剣先を開いてみたりと試しました。そして相手が反応を見せた瞬間にはいつでも対応できるよう「左足を意識した立ち方」「肩・腕・肘の脱力」「背・腹の適度な緊張」を保つよう実践しました。

斎藤式呼吸法「3・2・15」の型に努めた

一、呼吸法を「3・2・15」の型にする努力を行ないました。斎藤孝著『呼吸入門』を参考に「鼻から3秒吸って、2秒間丹田にグッと溜めて、15秒かけて細くゆっくり吐く」というものです。黙想の時、運転中、講義の前など時間を作って型を作る努力を行ないました。

二、範士八段の先生方の立合を参考にするため、実際に稽古をお願いすることは当然ですが、市販されている八段戦や東西対抗のDVD・明治村の決勝戦を編集したDVDをくり返し拝見して、「構え」「気の張り」「間詰め」のイメージ作りを行ないました。

また、八段審査における着眼点について審査員の先生方のお考えをまとめた書籍を求め、それぞれの先生方のお考え、共通している点を整理して、イメージ作りを進めました。

『五輪書』から学んだ我慢することの大切さ

担当している授業の中に「生命の教養学」という極東証券寄附講座があり、いろいろな分野の方々を塾外から招いて「生命」について学生とともに考えました。昨年度のテーマは「誕生と死」、なかでも96歳の日野原重明先生（聖路加国際病院理事長）が語られた「10年後の夢」のお話、「子供へのいのちの教育」をお聞きして多くの感動を覚えました。そして今年度、「生き延びること―生死の後へ」をテーマとして、その授業の１コマを私は担当し、「真剣勝負を生き抜いた武蔵」という題で講義を行ないました。そのための教材作りを行ないながら『五輪書』に関する文献を多く読み込みました（実際の授業では導入の部分で、剣道部の学生を相手に、居合刀で日本剣道形を演武し、受講生に見てもらいました）。「兵法心持ちのこと」「渡を越すということ」「底を抜くということ」などの教えが、今回の審査で「最後まで我慢すること」につながったものと考えました。

剣道実技の授業も担当しているので、初心者指導を行なう際には学生とともに「構え方」「足さばき」「素振り」を原点に返って行ないます。また日本剣道形も受講している学生全員と毎時間稽古するようにしています。

慶應義塾150年記念の年と皆様に感謝

２００８年、慶應義塾を福澤諭吉先生が開かれて１５０年となる記念の年でした。そして慶應義塾体育会剣道部１３０年の年と重なりました。ＯＢ会である三田剣友会も、この年に学生諸君が大きな実績を残せるよう、物心両面からのバックアップをしていただきました。そして、春には全日本学生剣道選手権大会に４名が駒を進め、秋には関東学生剣道優勝大会で準優勝とその勢いは強く大きな流れになっていました。

11月８日（土）には天皇・皇后両陛下をお迎えして記念式典が挙行され、改めて慶應義塾社中の結束、慶應義塾という大きな流れの中に身を置かせていただいている感動を抱きました。

翌日の9日（日）には私が師範代行を務める慶應義塾体育会医学部剣道部が、関東医歯薬獣医科大学剣道大会で創部43年にして初めての優勝を飾ることができました。そして16日（日）の早慶対抗剣道試合、1年間この日のために努力してきたが学生諸君が善戦はしましたが、惜敗。その悔しさを何とか力に変えて、八段審査に意地をぶつけようと考えて臨みました。結果として合格させていただいたことを心から有難く存じます。

これまでお世話になった佐藤博信師範、福本修二師範、加藤浩二師範はじめ、慶應義塾社中の皆様、全剣連の社会体育指導員養成講習会・学校剣道指導者講習会でご指導いただいた講師の先生方、そしてこれまで私が稽古をお願いしたすべての皆様に感謝申し上げます。

無理な攻め、無駄打ちはしない
打突の機会は逃さない

024

鎌田　進（東京都）

かまた・すすむ／昭和21年宮城県生まれ。小牛田農林高から警視庁に奉職。平成20年5月、八段合格

八段審査に向けて心がけた3つの課題

私が八段審査に際して心がけたことを、ご紹介させていただきたいと思います。

稽古の課題として、

一、無理な攻めをしない

二、無駄打ちをしない

三、打突の機会を打つ

この三点を決め、取り組みました。

まず、「無理な攻めをしない」という点についてですが、「上から下からやさしく、竹刀の身幅で、相手が技を出さざるを得ないように」と阿部三郎先生が講習会資料で解説されているものをヒントにし、どうすればこのような攻め方ができるか、稽古の際にはつねに工夫して稽古しました。

次に、「無駄打ちをしない」という点ですが、「見るな」「受けるな」「合わせろ」と先生からご指導をいただき、立ち間、蹲踞、立ち上がりの時点から先を取り、いつでも打突できる体勢、気力作りをし、相手の技にすべて合わせて技を出す稽古をしました。一刀流の切り落としの要領で合わせて技を出すと相手の技を打ち消して、次の技を生かせるようになりました。とくに注意したのは力を抜くことと打ち切ることでした。打ち切ることで、気持ちが持続したまま次の技が出せるからです。

「機会を打つ」とは、打突の好機をとらえた打ちをすることであり、阿部先生の相手が打ちに出る一瞬の機会（隙）をとらえ、有効打突を打ちなさいとのことで、剣先で相手の中心を取る工夫をして構えを崩し、打ちを出させることができるようになり、十分な間合を保った状態で起こりを打てるようになりました。

3つの早くと迎え撃つ気持ち
苦手をつくらない

審査前は、とくに立ち上がりから初太刀を出すまでを本当に大事に稽古をしました。この間に誘い出される、中途半端に技を出す、相手充分に打ちを出されてはいけないと、誰にお願いするときでも全力で稽古をしました。そしてみなさんに見ていただいては、意見を聞き、次の稽古に生かすようにしました。何年かぶりに東京剣道祭に出ましたが、この試合は取り組んでいることが身に付いてきていることを確認した試合であり、大変自信にもつながりました。

稽古を続けているうちに審査は同年齢、同段位の人と試合をするのだ。いつも稽古をするように全力で一所懸命にやれば良いと思えるようになり、非常に気持ちが落ち着きました。

また、道場には早く出る、相手より早く面を着ける、立ち間には早く立ち、相手を迎えうつ気持ち作りに心がけました。前回の失敗から拍子の合わない人ほど時間をかけて稽古し、苦手をつくらないようにしました。使用する防具、剣道着など早くからよく使い慣らし、普段通りの物を使い、惑いもなく普段通りの気持ちで、稽古、行動ができるようにしました。

腰攻めで動かす
動くところを合わせて打つ

道場を離れては本を読むようにしました。千葉仁先生の本を読み、ビデオを見ていましたところ、一度の攻めで相手が動じないときはどうする？　という箇所がありました。先生はさらに腰の攻めを行なうと良いと解説され、相手が動くので「そこ」に合わせなさいとのことでした。また、自分の得意技から入るのが一番で、何も面にこだわることはありません。隙を打てばよいのですし、手の冴えで有効打突を打ちなさいとの教えは非常に納得するものがあり、目が覚める思いでした。私はこれまで一回の攻めで攻めたものと判断し、技を出していたことを深く反省し、すぐ打ちに出ることなく、相手を動かして打つ稽古をしました。このように本はきっかけを与えてくれます。

稽古状況をビデオ撮影して確認しましたところ、必ず竹刀を下げてから、打ちを出すという欠点を知りましたので、昼休み時間は必ず道場の鏡に向かい、姿勢、攻め、起こりの状態を阿部先生の言葉を思い浮かべながら、チェックして直すようにしました。また自宅では、手の冴えを作るために居合刀をぶれないよう、体勢を崩さないように注意して振りました。

胡弓の演奏を聴きにいき、演奏家の素晴らしい姿勢に感動し、私もあのような剣道姿勢にしなければいけないと思い、1時間ほどの通勤電車内や職場でも姿勢を正すようにし、呼吸は、岡憲次郎先生に吸うときの三倍時間をかけて吐きなさいと指導をいただきましたので、歩くときや電車内では数をかぞえたり、般若心経を唱えたり、数息観を行ない、これを剣道に取り入れてきました。

剣歴も実績もない私がこのように寄稿させていただくのは、とてもおこがましく大変恐縮しておりますが、これから受審される方に少しでも参考にしてもらえれば幸いと思います。

苦手意識の克服よりも気を錬る意識を大切にした

025

吉田博光（山口県・会社役員）

よしだ・ひろみつ／昭和32年山口県生まれ。岩国工業高から専修大を経て、刑務官となる。現在、よしだ新館㈲専務取締役。平成20年5月、八段合格

昨年5月、8回目の挑戦で八段審査に合格させていただくことができました。今回で3度目の一次審査通過でしたが、不合格を度重ねるにつれ、「どうしたら合格できるのだろうか」「このまま一生合格することはできないのではないか」など結果ばかりを追求していたように思います。しかし、この度の審査では、今日までの集大成を審査員の先生に見ていただくという気持ちで臨みました。

これまでの反省点はノートに書きとめておきましたので、それを参考にして私なりに実践してきたことをご紹介したいと思います。

反省ノートの活用
面打ちに磨きをかけた

前回までの稽古は、とくに自分の苦手とするところを克服するための稽古に力を入れておりました。しかし、いざ審査となると苦手意識が働き、四戒が生じ、心身ともに力が入り、どうしても先を取られるといった状態でした。これらのことを踏まえ、今回は苦手意識の克服ではなく、気を錬る意識を大切にして、得意とする「面打ち」に、さらに磨きをかけるよう努力いたしました。大変参考になったのが、平成17年5月、奈良県で開催された中堅剣士講習会での反省ノートでした。

一、素振り

左手の握りは手の内に柄頭を半掛け状態でしっかり握る。肩の関節が上がるところまで一気に上げ、竹刀の一番強いところで打つ感覚で振り下ろし（一拍子）、剣先が自分の顔面あたりでしっかり決める。

二、面打ち

遠間から一足一刀に素早く入り、竹刀の一番強いところ（竹刀の物打ち一点のみ）で打突し、素早く通り抜けて残心、勢いのある面打ち。

三、切り返し

気を抜かず、体当たりも勢いよく、振り上げ振り下ろしを素早くして、竹刀は左右振りかぶるときは同じところを通る。

それらに加えて、打ち込み、掛かり稽古を主体とした稽古を心がけました。

その他として、立礼から蹲踞、立ち上がりといった所作事も剣道形とともに稽古を致しました。

平成23年に山口県で国体が開催されます。私も強化指定選手の一員でしたので、月2回の強化訓練、県外遠征などに参加し、この稽古会での訓練も大変役に立ったと思います。その他、県の月例稽古会、指導者講習会、八段受審者講習会などに積極的に参加するよう心がけました。

立ち姿、歩き姿、後ろ姿常に見られているのを意識した

高段位になるにつれ、稽古の錬度に「品位・風格」という、形に表われないものが要求されます。講習会などで講師の先生方は立ち姿、構えはもちろん、歩き姿やその他の所作も、内側からにじみ出てくる何ともいえない雰囲気を持たれ、自然であるにもかかわらず、美しさを感じます。いかに普段の厳しい稽古、日常生活に対する姿勢が大切であるかが伝わってきます。

現在私は、職場の2階を道場にして、幼少年の指導に携わっております。稽古にもよく姿見（鏡）を利用していますが、仕事の合間の小用は、2階道場のトイレを利用するようにしています。道場に入る時、まず一礼し、姿見に向かって歩いて行き、歩き姿、立ち姿を確認し、帰りは自分の後ろ姿を意識します。常に「見られているぞ」という気持ちと、「作らず、自然に」を心がけるのです。また、トレーニングの専門書を参考に腹筋力、背筋力、脚力などの強化トレーニングを行ない基礎体力の補強にも重

点を置きました。

稽古不足でも焦らない
仕事も稽古のつもりでやる

私の仕事は、飲食店を主としたサービス業で、料理・仕出し業のほか、武道具店、剣道道場経営の自営業です。私の担当部署は武道具店と道場ですが、地方の小さな会社ですので、与えられた部署だけを担当するわけにはいきません。

私の地元、城下町岩国の錦帯橋は桜の名所。シーズン中は多くの観光客で賑わい、私にとっても年間を通じて最も忙しい時季となります。そのため、この期間は早朝から深夜まで働くこととなり、稽古はできません。5月の審査も迫っており「稽古不足」という焦りに悩まされます。以前、焦りから少し無理をし、仕事の合間、稽古をして左足肉離れとなり、その時は仕事も不充分、5月の八段審査も残念ながら辞退という結果となりました。花見シーズン中はほとんど立ちっぱなしですので、脚力の強化という意識を持ち、常に仕事も真剣勝負という気持ちでこの間を乗り切るように努め、この度の審査に向けては、焦らず、前向きな気持ちに切り替えました。

前述しましたように、私は道場（研道館）で週3回（月・水・金曜日）地域の子どもたちと一緒に修行しております。礼法、発声、素振り、基本打ちなどの稽古もつねに初心に戻り、自分に言い聞かせるつもりで稽古しておりますが、見本、手本についても「正しい剣道」という概念がなければ即、子どもたちの形に表われます。子どもたちと稽古しても常に気を抜かず上位と稽古している心積もりで、師弟同行の心を持ち続けることが大切だと思います。

私は、小学1年生から剣道を習い始めました。親に薦められたという記憶はありませんが、父が剣道をしていたため、自宅には竹刀や防具があたりまえのように置いてありました。そんな環境もあったせいか父と近くの道場へ見学に行き、そのまま習い始めたように思います（それが父の手だったのかもしれません）。

しかし、私が「甘える」と思ったのか、不思議と父から指導を受けたことはありません。他の先生方に預けられ、ご指導を受けました。父は「3年稽古するよりも3年かけても良い師を探せ」と口癖のように言っておりましたが、高校（岩国工業高）、大学（専修大）では本当に素晴らしい指導者、先輩、剣友に恵まれました。現在も、年一度の専修大学九州ＯＢ会には必ず参加して「交剣知愛」を楽しんでおります。

今でも父の剣道着姿は鮮明に覚えております。残念ながら平成元年に64歳で他界いたしましたが、最後まで剣道八段審査に挑戦しておりました。今にして思えば、私にとりまして〝父が人生最高の師匠〟だったのかもしれません。

現在は山口県で、坂井年夫先生（範士）、古田坦先生（範士）をはじめ、多くの諸先生方のご指導を仰ぎ、剣友にも恵まれたことを大変ありがたく思っております。

攻めた時に技を出す意識
懸かる稽古と一人稽古の継続

026

矢野信広（大阪府・警察官）

やの・のぶひろ／昭和37年宮崎県生まれ。高千穂高から大阪府警に奉職。平成20年11月、八段合格

ビデオ活用による矯正
先生方の取り組みに習う

一、懸かる稽古で気づき、剣道を一から見直す

私は、平成13年から5年間警察学校で勤務しました。この警察学校での5年間が私にとって、剣道を一から見直す機会となりました。

その時から、私の剣道人生は大きく変わりました。学生への授業の合間に、先生方と基本稽古、地稽古をする時間に恵まれ、何よりも懸かる稽古ができ、さまざまな指導をいただきました。その中で、気づいたことは、私の剣道はまだまだだということでした。そこで、私が取り組んだのは、自分の剣道をビデオで撮影して、悪いところを矯正していくことでした。まず、当直勤務で休憩になった夜中、道場の壁に等間隔でテープを貼り、姿勢・構え・打ち込む姿勢などをビデオ撮影し、チェックしました。

また、基本稽古、地稽古も撮影し、打たれた時の姿、打った時の攻め方、打った瞬間の姿勢、打った後の姿勢などもチェックしました。最初の頃は、八段をめざすというよりも、こんな自分の剣道では、学生たちの見本にはならないし、恥ずかしいという思いからの取り組みでした。しかし、毎日のように稽古を続けているうちに、自分でも少しずつ剣道が変わってきていると実感できるようになりました。

二、先生方に習い、八段昇段をめざす

現在、教士八段椎葉隆徳先生が八段に合格された時、私は警察学校で一緒に勤務しておりましたが、その時の椎葉先生の取り組みを間近で見られたことが、八段審査を意識する契機となりました。そして、範士八段古市満洲男先生から、先生ご自身が八段を受けた当時の稽古方法やトレーニング、一人稽古の内容を聞くことができたのも私の意識を高める要因になりました。

また、当時警察学校の副主席師範であった教士八段石塚美文先生からは、竹刀の握り方や構え方、打ち方まで細かく指導していただきました。石塚先生は、私の恩師である故吉本政美先生と親交が深く、先生が八段に合格された時、吉本先生から贈られたという木彫りの剣道の人形を私に貸してくださり、

八段をめざせと言ってくださいました。このような先生方のご指導に触れ、稽古を続けていくにつれて欲が出てきて、真剣に八段をめざそうと思うようになりました。

早目に行って基本稽古
左足の引きつけを意識して歩く

三、稽古量の激減の中で始めた取り組み

平成18年4月、警察署に異動になり稽古量が激減しました。署ではなかなか懸かる稽古ができないので、稽古する場を探したところ、大阪城内の「修道館」がありました。修道館には、八段の先生が多く来られ、しっかりと懸かる稽古ができました。そして、範士八段塚本徹男先生が館長をなさっている「筑峰館」でも稽古させていただきました。

ここでは、塚本先生に稽古をお願いしましたが、古市先生も稽古にみえられ、正規の稽古時間より早い時間に基本稽古や審査を想定した稽古を指導していただきました。このような稽古は、警察学校の時も同じようにしていただきました。

それでも、まだまだ足りないので、稽古量を補うために、職場への行き帰りには途中の駅から歩いたり走ったりしました。歩く時は、重心の移動と、左足の引きつけを意識しました。そして、常に稽古していている自分をイメージしました。走る時は、前方の電柱や建物を目標にしてダッシュをくり返して走りました。出勤後は、腹筋・背筋・筋トレや鏡の前で構えの確認や、相手を想定しての素振りと人形相手の打ち込みを実施しました。自宅では、中学生の息子と一緒に走ったりダッシュしたりしました。

稽古で意識した点は、相手を少しでも反応させるような気の攻めと中心の攻め、上の攻め、下の攻めから一本につなげることでした。なぜなら、「ヨーイドン」で技を出した場合、身体能力の高いほうが勝つ可能性は高いと思われますが、一瞬でも相手を反応させて（居つかせて）技を出すと、たとえ身体能力が低くても、先に打てる可能性が高いからです。しかし、実際には相手を反応させることができても、そこで終わってしまい技を出すタイミングが遅れ、一本につながらないことが多くありました。その時、古市先生から「攻めてから技を出すのではなく、攻めた時には技を出していなければいけない」と指導をいただき、この点を心がけ稽古に臨みました。

ただ、自分の攻めが相手に伝わっているかどうかは、その瞬間にはわからないので、技を出す時は、中途半端にならないよう体を思いっ切り出す（打ち切る）ことを意識しました。そして、基本に従いまっすぐ技を出す、その後も姿勢を崩さず、いつでも打てる体勢を維持するように努めました。また、強く打つためには、どのようにしたらよいかを考えました。そのためには、技を出す時、手元が体から早く離れないようにし、体を出しながら力が竹刀に伝わるように意識しました。要は、手打ちにならないように打つことだと心がけ、実践しました。

審査までカウントダウン
一人稽古でイメージづくり

四、技術と精神力の向上を図る

審査前の稽古会では、八段の先生方に基本を指導していただきました。模擬審査、他の先生方の稽古の見学も良い経験となりました。普段、多くの先生方から指導された点や自分で反省した点はノートにメモするようにし、あとで見直し稽古に生かすようにしていましたが、審査前には再度このノートを確認しました。また、手帳のカレンダーには、半年前から審査の日までの日数を逆算して記入し常に意識するようにしていました。

このように、八段審査に向けて気持ちを高め、先生方の教えをイメージづくり・一人稽古に生かし、技術と精神力の向上に努めました。一人稽古の中でイメージしたことを実際の稽古で行ない、うまくいかない時は視点を変え、違うイメージで一人稽古し、次の稽古で実践しました。うまくいった場合はうまくいったそのイメージを留め、何度も練習を重ねました。

最後になりましたが、今回合格できましたのは、多くの先生方のご指導とご支援によるものと心から感謝しております。そして、家族の思いが私の背中を後押ししてくれたことにも感謝し、これからも稽古に精進していきたいと思います。

得意技を磨き、いつでも打てる自信と安定感が持てた

027

田中康宏（静岡県・会社員）

たなか・やすひろ／昭和29年静岡県生まれ。沼津商業高から国士舘大を経て、会社員となる。平成20年11月、八段合格

はじめに八段を取得するために行なった稽古法を述べる前に、稽古をつけていただいた先生・剣友の皆様に厚く御礼を申し上げるとともに感謝申し上げます。

私が八段を受審するにあたり、日頃稽古で心がけたポイントは、以下の4つを課題として稽古いたしました。

一、初太刀の大切さ（初太刀を打つ心構え）

二、常に打ち切る打突
三、得意技を磨く
四、八段としての打突

足で床をとらえ 間合に注意して打ち切る

私は会社員なので稽古時間が限られてしまうため、私なりに工夫した稽古法を述べさせていただきます。

まず週に一度、昇段審査を対象とした稽古会を行ないました。この稽古内容は全員が受審者のつもりで基本技を中心にして行なう稽古会です。

この稽古会ではいきなり竹刀を握るのではなく、昇段審査に臨むという意識を持ち、稽古前に丹田呼吸を取り入れた正座を行ない、心に迷いが生じない気持ちをしっかり作ってから稽古に入ります。作法を行なうことにより、最初の一振り（初太刀）から気迫のこもった打突を行なうことができるようになっていきました。これを毎回くり返していき、自然に身に付いたのが〝初太刀の大切さ〟（初太刀を打つ心構え）を養う稽古法です。

つねに打ち切る打突を身につけるために、約1時間半ある前記の稽古会で三分の二を基本打ちの時間にあてました。

さらにその基本打ちの半分は、面、甲手をつけずに「正面素振り」「切り返し」「大きく振りかぶって、踏み込んで面」「小手、面」などをくり返し行ないました。このとき注意するのは左足、左腰から始動するように意識して、勢いをつけず、足で床をしっかりとらえてから打ち込みを行ないます。このイメージを持ったまま、防具をつけての基本稽古に入ります。この基本稽古では必ず触刃《しょくじん》の間から始め、一足一刀の間で打突することです。竹刀の打突部で打つ習慣がついているので一足一刀の間より内に入るとどうしても力を加減して打突してしまいがちです。打ち切る打突を身に付けるには、間合に注意して稽古を行なうことが必要だと感じました。

左足左腰からの始動
鋭く強い八段の打突を求めた

誰でも特別な得意技があるとは限らず、また、すべての打突が得意技となれば理想でしょうし、それに近づくよう日々稽古を重ねると思います。

ここでいう〝得意技を磨く〟ということは、審査において得意技を中心に組み立て、打突の機会を逃さず打つことができる技術的な面での練習で、私の場合〝面打ち〟を修錬いたしました。面打ちにもいろいろな面があり、「相手の起こり頭をとらえる面」「居ついたところをとらえる面」「退いたところの面」「表からの面」「裏からの面」を中心に基本技稽古を行なってきました。得意技があることにより、心にいつでも打てるという自信と安心感を持ち、技術面と同時に精神面の鍛錬を行なうことで余裕を持った立合ができると考え、心、技の両面を稽古で磨いてきました。これも八段審査をクリアするために行なった稽古法の一つです。

私は有効打突にも幅があると思います。初段は初段なりに、八段は八段としての打突があるということを頭に置き、ただ相手を打つのではなく「審査員の先生方の心を打つ有効打突」が八段としての打突であると考え、この打突を身に付けるため、前記で述べた稽古法（初太刀の大切さ・常に打ち切る打突・得意技を磨く）を取り入れて、八段としての有効打突ができるように日頃の稽古を行ないました。さらに八段合格には、鋭く、強い打突が必要だと思います。

私は稽古の中で左足、左腰から始動するような気持ちで、右足を踏み込む時、太ももを高く上げるように意識をし、強く床を踏み込んだ後、さらにしっかり右ひざを伸ばして打ち込む打突を心がけ、鋭く、強い打突を身に付けるように工夫しました。

歯磨き、トイレにも中腰で車から徒歩通勤で足腰を鍛える

一、日常生活で心がけたポイント

稽古時間に制限があるので、私の工夫した点は、家のあらゆるところに竹刀を置き、時間があれば竹刀を握り、自分と竹刀が一体化できるようなしっかりとした手の内作りを心がけました。

そして少しでも筋力をつけるべく、歯を磨く時、トイレに行く時などはすべて中腰で行ない足腰に負担をかけ、また朝起きる前に脚の上げ下げの腹筋運動をしてから起きるようにし、日々これを続けてまいりました。

二、仕事で心がけたポイント

私は平成20年11月の東京審査会の1年前より、車での通勤をやめ、往復1時間の徒歩通勤に変えました。

それもただ歩くのではなく、足を踏み出すときに「左足・右腰」に力を入れて踏み込むように一歩一歩歩きました。これは前記でも述べた足を床でとらえてから踏み込むのに大変役に立ったと思います。

また、業務をデスクで行なう時間が長いので、これを利用して余裕がある時や、昼休みなどは足を床から離し、ひざとつま先を伸ばすようにし、足を鍛えました。

最後に、私が八段審査の立合で感じた点は、相手のことを意識するのではなく、自分自身の心が乱れないように心がけたことでした。

自分を信じて日頃より教わっている「基本に忠実なれ」の気持ちをもって臨んだ結果が自然体（無心）となり、相手を力で押さえ込むのではなく、気持ちで包み込むような形で立合ができたと思いました。

『剣道時代』愛読の皆様にとって参考になるかどうかわかりませんが、以上が私の八段受審に際して行なった稽古法です。

64歳から八段挑戦 健康な体づくりに励んだ

028

都合康弘（長崎県）

とごう・やすひろ／昭和2年福岡県生まれ。福岡商業卒。海上自衛隊に勤務し、昭和63年3月退職。平成20年5月、八段合格

私は、平成20年5月2日の八段審査、2日目に合格した、当時80歳の剣士であります。思い起こせば、平成4年5月7日、64歳で第1回目の八段審査を受審してから16年目（25回目）に、やっと合格しました。

今、過去8年間の八段合格者を調査してみますと、40歳代で合格した人は34％で、職業柄、20代から厳しい稽古に打ち込んで来られた実力のある人と見受けます。次に51％が50代でありまして、相応の年

代と言えましょうか。そして60代は12％、70代は２％、最後の80代は０・２％の厳しさであります。

私は、七段を取得したのが、昭和56年５月でしたから53歳であり、それから８年経過しないと、八段審査の資格はありませんが、当時は各県剣道連盟で予備審査が実施されており、受審資格のできた61歳当時は、この予備審査を受けねばなりませんでした。しかし、３年かかっても有力な先輩がいるために合格できませんでした。

平成４年から、資格のある人は、誰でも本審査を受審することができるようになり、思い切って挑戦したわけであります。第１回目の京都審査会では、その審査の順序や内容もわからず、会場の雰囲気に押されて、ただ呆然として受審しました。不合格の後、二次審査を拝見しましたが、その受審審査の凄まじいばかりの気魄、剣さばき、敏捷な動作に驚嘆しました。その後も毎年１回の京都における八段審査を受審しましたが、相変わらずの場当たり的な事前の稽古のみで、後悔するばかりでした。

従って、これではいかんぞと、自分に鞭打ち、10回目の平成12年11月から東京、京都と、年二回、挑戦する決心をしたのであります。時に年齢73歳でありました。そのためには、ここでどのような決意と考え方で受審するようになったかを振り返ってみます。

28種類のストレッチ 自転車で一気に坂をあがる

第一は、やはり稽古量だと考えました。昭和57年秋、公務員として海上自衛隊に勤務していた私は、定年６年前から、通勤途中の体育館を借りて、近くの少年を集め、１週間３回の剣道指導を始めておりましたが、ここで成人剣士に呼びかけ、1人でも2人でも加勢を願って、少年指導の後に、大人の稽古をすることにしました。

次に週2回、遠距離にある武道館の協会の稽古にも、必ず出向くようにしました。それから県剣連の講習会や合同稽古にも、積極的に出席しました。また、懇意な師匠や知人の多い佐世保武道館（月1回）、あるいは2ヶ月に1回実施される福岡の全剣連九州地区合同稽古会にも参加しました（合格まで38回出席）、そして最後に、京都大会（過去22回出席）にも極力顔を出すことを決心したのであります。

次には、稽古に対する普段の準備運動が必要だと思いました。何をしようかと思案しました。幸いに私は車を持ちません。従って昭和30年代から部隊の通勤と用務には、自転車を使用していましたが、勤務が終わると、当日に稽古のある道場に自転車でまっすぐ向かいましたが、これも準備運動の一つになりました。稽古後も、毎日、夜の田舎道を電気を点けた自転車で帰宅した時は、ほっと一息つきました。とくに八段合格を意識し始めると、ダラダラ坂２００m間の上り道を選び、自転車で一気に漕《こ》ぎ上げる訓練を実施し、足腰を鍛えました。現在でもこの運動を続けております。

それから、この7年間、欠かしたことのない28種類のストレッチ体操を実施することにしました。毎朝6時、または行事などで出立が早い時には、5時前に起きて、寝床の横で仰臥《ぎょうが》し、『天狗芸術論』巻之四に記述してある「収気の術」から始めます。次は起坐して、両手足、身体の屈折、伸展の運動、伏《ふく》臥《が》による手足の伸張、上げ下げの動作、起立して各種のストレッチ体操、そして最後に素手による剣道の構え、跳び込み面、すり上げ面、返し胴などの応用動作を実施します。

このストレッチのおかげで、若干は身体が痩せ、体脂肪がなくなった感じですが、一日の用務や行事の遂行、とくに剣道の稽古には、最適の準備運動となり、何の支障もなく、また、ケガの一つも起こさず、スムーズに物事が運びました。この体操を実施しなかった過去の時代では、何度ケガや故障に泣いたかわかりません。おかげで、平成16年11月の日本武道館における第18回目の審査では、体調すこぶる良好で、思うように運剣ができて、一次審査に合格しました。その後も、自分ではよかったと思うことがありましたが、なかなか二次審査まではいけませんでした。

剣道日記の励行
剣道書で奥義を研究した

三番目に申し上げたいことは、剣道家に付きものの飲酒をできるだけ慎むということであります。あの有名な戦国の武将伊達政宗の後裔、四国宇和島の藩主、春山公は百歳長寿の殿様ですが、人は年七十五にもなれば酒色を慎めと言っております。しかし、現代の剣道界では宴会は付きものであります。ほどほどに付き合いも必要なため、ある程度の飲酒は仕方ありませんが、毎日の晩酌などを含んだ飲酒は避けるべきです。例の休肝日が必要であります。このところ、私の飲酒の日は、宴会の日を含めて、月に15日以上もありません。

四番目に話は一転して文談になりますが、意外に世間では日記をつける人が少ないことであります。過去の反省や、記録のために、あるいは、将来の方針や計画のために、毎日、日記を欠かさずにつけることであります。

私は遅まきながら、昭和40年から剣道日記をつけ始めました。現在、大学ノートで31冊目を書いております。日記を事実ありのままに毎日書くことにより、ボケ防止と剣道研究のために役立たせます。これにより、漢字も覚えます。時には、英語で書くこともあり、その勉強にもなります。

　私は終戦後、米軍基地に5年間勤務して、当直日誌を記帳していた習慣からでしょうか、横文字を併用すると、さらに記憶力が確かになります。そして、剣道の技も記憶力で反撃します。相手の特技や習癖を予知し、即応するためには、記憶力が最適の武器になります。そのためにも、見取り稽古、一人稽古が重視されるものと思います。

　最後になりましたが、剣道の良書について私なりに紹介させていただきます。昭和60年頃、発刊された佐久間三郎範士の『剣道の手順』、平成7年に発行された榊原正範士の『求める味』、平成9年秋に、小森園正雄範士の口述録を出版された大矢稔編著の『冷暖自知』（改題『剣道は面一本！』）（いずれも体育とスポーツ出版社刊）、そして井上茂明範士が『剣道時代』（編集部註・2003年11月号～2005年3月号）に連載されました「松本敏夫範士の剣道秘訣」を熟読玩味されてはいかがでしょうか。その他にも基本的な剣道の良書は沢山ありますが、一応、実技については、これらの著書をお薦めしたいと思います。

　まず、『剣道の手順』では、受ける太刀は打った刀として、一にして二の連続技を強調されるとともに、跳び込み面の打ち方を指導してあります。次に『求める味』では、素振りや正面打ちの方法を教授してあります。三番目の『冷暖自知』では、打突の機会や有効打突、そして技の基本では、構え方の大事を強調され、とくに左脚の堅固な支えを重視してあります。それから最後の「松本敏夫範士の剣道秘訣」では、「摺り足」、「高足」、「踵の上げ下げ」、「猫足」、「振り上げ方」及び「打ち方」について詳細に述べてあります。この先生方の剣道の奥義を探るために、苦難の道を歩まれて編纂された剣道の極意は、われわれ剣道人の聖書ともいうべきものであります。

いまひとつ附言したいことは、この四種の本に書かれた内容の中から共通点を学び取ることであります。共通点が把握できれば、剣道に自信がつきます。この自信を以って八段審査に挑戦されることをお祈りします。

最後に、剣道人の健康維持のために書かれたともいえる貝原益軒の『養生訓』をも精読されることをお勧めします。その中味は、「自然良能」という言葉につきます。少々身体に変調があっても、薬を飲む必要はありません。身体機能の自然処理に任かせておけば、そのうちに治るということであります。

一歩踏み出す勇気が合格への一歩につながった

029

飯田茂裕（千葉県・警察官）

いいだ・しげひろ／昭和33年福岡県生まれ。南筑高から大東文化大を経て、千葉県警に奉職。平成20年5月、八段合格

打ち間まで相手を引き出しためらわず一気に打突する

自分の剣道を見直し、構え、竹刀の持ち方、足さばき、素振りなどをあらため、初心に返って基本に

忠実にできるようにくり返し稽古を行ないました。とくに面打ちを重点的に行ない、中心を大切に体のバランスを崩さないように、足から腰から動かし、手先の打ちにならないように注意しました。速さじゃなく中心を攻めて、打ち間の取り方にポイントを置き、剣先が中心から外れないように心がけ、右足で攻めて、相手が動こうとしたところや打ってきたところに技を出す稽古を行ないました。自分の気持ちが打つことだけに走ると、ためがなくなり、相手の攻めに心が動き、また自分の気持ちの迷いで構えが崩れ、剣先が中心から外れ、隙ができて相手から打たれてしまうので、打とうとする気持ちを押さえて構え、前に一歩出る気持ちで攻めることによって、相手の心を感じ、動きが見えてくるところを打突します。自分の打ち間まで十分に相手を引き出し、一気に打突する。この打ち間を多くの人との稽古で学び、自分のものにしていきました。

打ち気を捨て、一歩前に出る間隔で技をため、相手の動きによって技を出し、左足の引きつけで技の勢いをつける稽古を積むことにより精神の集中を高め、相手と自分との中心を制し、姿勢を崩さないようにして打突するように心がけました。

初任科生の姿に忘れかけていた一歩を学ぶ

現在私は千葉県警察学校術科教養課に勤務しており、剣道教師として学生の剣道指導に携わり、自己の剣道を見直すにはいい機会を与えてもらったと感謝するとともに、その重責を感じているところでありますが、その中で私は師弟同行をもって指導するよう心がけています。それは八段審査に向けて稽古をしていく上で、先生方より指導を受け、ここを直して稽古を行なっていけばいいと、ある程度の稽古の方向性はわかっていたのですが、審査を受けて落ちるたびに「このままでよいのか」「このままでは合格できないのでは」と不安と迷いが生じ、自分の剣道に自信がなくなっていき、稽古も惰性に流されることもありました。

しかし、この警察学校に剣道教師として異動を命ぜられ、剣道指導にあたっているうちに、忘れかけていた剣道に対する熱意を思い起こさせてくれたからです。警察官になるのだと志を立て警察学校に一歩踏み出し、一心不乱に竹刀を振っている学生の姿は、私にとって諸手突きをくらった衝撃がありました。

剣道で竹刀を構え、相手と対峙し、攻め合いの中で逃げずに一歩踏み出す勇気（心）が、剣道の極意であり、「心こそ　心迷わす心なれ　心に心　心ゆるすな」と言われるように、気になるところに気持ちが動き、迷いが生じ普段の動きができなくなる。自分を信じて、いろんなことを考えず、無心になりきることが大切であり、忘れかけていたこの一歩を学生の姿に学び、八段審査合格の一歩につながったからです。今後この一歩を修錬するとともに学生に指導していきたいです。

できることから始めよう　居合の稽古も効果があった

水・土・日曜日は、少年剣友会の指導をしており、その空いた時間で自分の稽古に当てるように心がけていますが、なかなか稽古が思うようにできません。審査に対して、このままでは合格は無理ではないかと不安感に駆られることもありましたが、自分の置かれている現実から逃げずに向き合い、今できることを行なおうと考え、毎朝少し早起きして、道場で一人稽古を始めることにしました。

最初は、軽く体を動かし、汗ばんできたら筋肉トレーニング（腹筋、背筋、スクワット）を行ない、基礎体力の維持に努めました。そして素振りを中心に足さばきを行ない、終わりに刀を抜き、居合の形を稽古しました。

刀を抜くことにより切る意識をもって、手の内の冴えを覚え、気持ちの集中力を高め、仮想の敵（自分自身）に勝ち、精神力を鍛えました。審査が近くなってくると、とくに面の打ち込みを中心に基本打ちを行ない、審査を想定して2分刻みの稽古を行ないました。

腰を意識した打突
冴え・勢いが生まれた

030

松下悦郎（鹿児島県・警察官）

まつした・えつろう／昭和30年鹿児島県生まれ。鹿児島商工高から法政大を経て、鹿児島県警に奉職。平成20年5月、八段合格

自分に置き換えた少年指導
左手・左腰・左足の一致

「剣道八段」これは剣道を志す者の「夢」であると思います。私も「夢」でした。

おかげさまで昨年5月、京都審査会において合格させていただきました。本当に感謝しています。

鹿児島県警察に奉職し41歳までの18年半、機動隊特練員として稽古に励むことができましたが、除隊後は離島を含む転勤があり、各署の勤務地で稽古を続けてきました。ただし特練時代と比較すると防具を着けての稽古は激減しました。

一昨年3月、8年ぶりの鹿児島市内勤務となり、鹿児島西警察署に赴任しました。まず思ったことは、西署は少年剣道の指導があるので「八段への道のりはまた遠のいたなあ」というのが実感でした。しかし「夢」である剣道八段を実現するためには、毎日稽古ができる環境にあることをありがたく思い、少年剣士たちと一緒に剣道を学ぼうという気持ちに自分の考えを変えました。

私は、西署少年剣道クラブ「剣友館」の指導者として、少年剣士たちと毎日稽古ができる環境に恵まれ、八段受審に向けて基本稽古を重点に稽古しました。少年剣士たちに基本技を説明するときは、自分に置き換えて手本を示しながら、ポイントをチェックしました。とくに面打ちの場合は、一拍子の打ちで相手の先まで勢いをつけて残心をするように、そして左手・左腰・左足の一致に心がけました。「手で打つな足で打て、足で打つな腰で打て」といわれるように、腰を意識した打ちをすると勢いが違ってきたような気がします。稽古の時は、2分刻みで稽古を実施し審査時間の体得に努め、少年剣士より大きな発声で気を充実させ、少年剣士が打とうとするところ、つまり起こりを打つように心がけて稽古しました。

打たれることを恐れず打たれて勉強した

かねて少年剣士相手の稽古ですが、土曜日・日曜日は勤務の都合上、毎回とはいきませんが、朝稽古に参加し、児嶋克範士・有満政明範士・石田榮助範士・久永光一範士・末野栄二範士などの先生方に、「打たれることを恐れず、打たれて勉強しなさい」「合気をもって稽古をするように」などご指導いただきました。やる気があれば朝早く起きるのも苦にならないし、先生方に稽古をお願いするのは、気合も入り、そういう環境に恵まれたのは幸いでした。

私自身、剣道は防具を着けての稽古だけではないと考えています。少年剣士たちと剣道を学ぶという気持ちで礼法も重視しています。私が剣道を始めた「大川剣道少年団」の恩師・故下薗重志先生は、試合で負けて叱られた記憶はありませんが、礼法が悪いと、こっぴどく叱られました。礼法は相手を敬う気持ちが大切と思います。今もこの教えが私の人生の礎となっています。私は礼法ができないことには剣道をやる意味がないと考え、道場だけでなく、職場や自宅でも自然体で、できるように心がけてきました。今回の八段審査会場でもスリッパが揃ってないのを見かけ3回くらい並べ直しました。

審査員に見ていただく気持ち落ち着いて立ち合えた

今までの審査を振り返ってみますと、「良いところを打とう」と気持ちが強すぎて肩に力が入りすぎ、打突に冴えがなく自滅した感じでした。今回の審査は、自分の剣道を「審査員の先生方に見てもらおう」という気持ちで臨みました。そう思うことで気持ちが落ち着いていたのではないかと思います。

一次審査の対戦は初太刀の後はよく思い出せません。ただ対戦相手に必死で向かっていったような気がします。二人目の対戦も同様でした。一次審査の合格発表後、「よし」という気持ちでした。今まで一次審査合格はなかったので、このチャンスを逃したら、この後八段合格はないと自分に言い聞かせ、集中力を切らないように会場の最上階席で、誰とも話すことをせず、じっと二次審査を待ちました。

二次審査の内容もあまりよく思い出せません。発表があった時、受審番号と張り出された合格者の番号を再三確認し「夢」ではないだろうかと、頬をつまんだくらいでした。最後まで充実した気勢で日本剣道形に臨み、おかげさまで剣道八段に合格させていただきました。

以上、審査に向けて実行したことを書きましたが、今回は審査直前先生方に、メンタル面でのご指導をいただいたこともプラスになりました。これまでご指導いただいた先生方、全国の剣道仲間、職場の皆様、そして「剣友館」の少年剣士たちに深く感謝するとともに、今後剣道八段としてさらに稽古に励み、努力精進する覚悟です。

いかに無駄打ちをなくすか出頭技を重点的に取り組んだ

031

阿部昭彦（茨城県・教員）

あべ・あきひこ／昭和31年福島県生まれ。小名浜高から国士舘大を経て、清真学園高校・中学校に勤務する。平成20年5月、八段合格

平成20年5月1日京都審査会場にて、幸運にも剣道八段に昇段することができました。今までに多くの先生方や剣友の方々にお世話になったことを、この場をお借りして御礼申し上げます。

さて、「八段合格の秘密」について、原稿依頼がありましたので、昇段後8ヶ月が過ぎようとしておりますが、私なりに感じたままいくつかに分けて書いてみたいと思います。

無駄打ちをなくす理に適った打ちが品位につながる

一、稽古で心がけたこと

無駄打ちをなくすことを一番目に挙げ、稽古に励みました。私の稽古は、生徒との稽古がほとんどでしたので、自分自身の上達の具合を確認する場も少ないことから、稽古開始・終了時は、必ず課題と反省を持って取り組みました。その中で、とくに意識したことは、無駄打ちをなくし、百発百中の打突することを体得することでした。

このことを考えるきっかけになった出来事は、生徒との稽古にありました。私の中では、しっかり攻め切って仕掛けた打突（面技）がいとも簡単に避けられてしまい、体力の衰えなのかなとか腕前が下がってしまったのかとか、最初は悲観的に考えました。

しかし、よくよく考えていく中で、相手が避けたくても避けることができない、そんな場面がないだろうかという考えに変わり始めました。答えは、皆さんもうおわかりかと思いますが、「出頭」をとらえることでした。

最初の練習方法として、生徒が面を打ってくるまで打たないことにしました。結果は、先に打たれてばかりでしたが、目標である「出頭」をとらえた打突ができるまで、何度も相手を変えて試みました。そうしているうちに、いつも先に打たれていた場面が、五分五分から六分四分へと変わり始め、徐々に確実性が高まってきたのです。また、この期間に多くのことを学びました。打突することだけでなく、打突するまでの工夫（引きつけ・誘い出し）や「ため」の大切に気づくようになったのです。

このようにして、無駄打ちに関すること、構えを崩さないこと、相手を活かして自分も活きること、理に適った打ちは、「品位」を良くすることにつながっているのだと考えるようになりました。

剣道書で精神修養
木刀、竹刀、模擬刀で刃筋の確認

二、剣道書籍について
剣道談義が少ないこともあり、諸先生方が修行されている時の悩みや、名人といわれた方々のエピソードなど、興味を持つようになり、読み始めた書籍をここでご紹介致します。
小川忠太郎先生の『百回稽古』、堀籠敬蔵先生の『剣道の法則』、井上正孝先生の『剣道いろは論語』、井上義彦先生の『剣道清談一〜三』、森島健男先生の『神の心剣の心』、岡村忠典先生の『百歳までの剣道』、大矢稔先生の『剣道は面一本』、角正武先生の『剣道年代別稽古法』、上牧宏先生の『師範室閑話』、作道正夫先生の『快剣撥雲』などがあります。（いずれも体育とスポーツ出版社刊）
どちらかといえば、技術面ではなく精神面について多く書かれている本を愛読致しました。このことが修行上大きな心の支えとなったことは、言うまでもありません。
三、仕事で心がけたこと
私は昨年開校三十周年を迎えた、中高一貫の学校「清真学園」で保健体育教師をしております。

開校時は、全校生徒（男女）が剣道必修で、講師は、範士九段故阿部三郎先生でした。指導力・戦歴どの面からみても日本最高峰の先生をお迎えし、日本一の大きさを誇る鹿島神武殿大道場での授業でした。現在では中学生（男女）が必修で、高校生は3年生が選択制で剣道を学んでおります。

私は、一般体育の授業より剣道授業を多く受け持っております。その剣道授業で、数多くはありませんが、生徒と一緒に素振りをしております。

また、部活動時にも姿見を利用し、手の内・姿勢の確認、素振りを行ないました。ただ振るのではなく、一本一本に心を込め、時には木刀で、時には竹刀で、「重さ」や「長さ」を変えながら、さらには模擬刀を使用して「刃筋」の確認をしながら、すべての刀が同じように扱える感覚を身に付けるよう心がけて行ないました。

四、講習会に参加

東日本剣道伝達講習会に2年連続で参加させていただきました。講師の先生方も著名な先生方ばかりでしたが、さらに驚いたことは、受講生の半分が八段位をお持ちであることでした。講習期間で、一番楽しみにしていたことは、地稽古の時間でした。有名な先生方に稽古をお願いできる絶好の機会を逃さないよう心がけました。残念ながら稽古時間が少々不足気味に感じましたが、お手本となる先生方ばかりの講習会でしたので、大変ありがたい講習会で勉強させられました。

まとまりのない話を書いてしまいましたが、何と言っても基本を大切にくり返し、くり返し行なうことが上達への王道だと思います。

審査では技よりも肚を決める、充実感を心がけた

032

小山則夫（神奈川県・教員）

こやま・のりお／昭和33年長野県生まれ。飯山北高から国士舘大を経て、桐光学園中・高校に勤務。平成20年11月、八段合格

杖道の左手左足前の感覚バランスの維持に役立った

打突は気持ちの表現と考えるなか、心がけたことは次の4つでした。

一、平素、仲間同士の稽古では、とかく打ち合いで終始してしまいがちです。できる限りの緊張感を持続させるよう意識し、一人に対して、短く激しく（3～4分程度）、最後は必ず切り返し、もしくは打ち込みを可能な限り実践しました（体内時計2分の実践）。

二、「良い構えから良い打突が生まれる」とのご指導をいただき、気付いた時には、いつでもどこでも（当然、人目を避けて）体の軸を体感できるよう、5～10秒程度構えの矯正を心がけました。

三、4、5年前から、一人の先生にお願いして、年間「百回稽古」の気持ちで（実際は、70～80回でした）、日々稽古をお願いすることで、口伝できない何かを感じることができるのではと思い、実践しました（簡単に思えますが、なかなか難しいです）。

四、剣道は、通常右手右足前が基本となりますが、杖道の中には、左手左足前の「逆手打ち」があります。身体の全体的バランスを考えると、逆手の素振り・足運びも、ひとつの効果的な稽古方法ではないかと思います（杖道の経験の中で）。

私が実践した日常生活での取り組み

「生活のリズム」や「工夫」が大切なことを改めて剣道から学ぶ。

各自が稽古を実践する中で、置かれている立場や取り巻く環境で、稽古内容が変わってくるのは当たり前のことです。稽古環境に恵まれている方、そうでない方といろいろだと思います。そのためには、各自がどうしても工夫せざるを得ません。すでに多くの剣士の方は実践されていることと思います。

それぞれ仕事や日常生活の関係もあるでしょうが、防具をつけての稽古だけではなく、早起きして30分でも何かできるのではと、考えてみることも方法かと思います。「そんなことはわかっている」と、お叱りをいただくことと思いますが、個人的には、今回の審査に当たってというより、以前より朝（稽古）の充実を考え、実践してきました。

仕事柄、勤務先には道場があるので、面をつけての切り返し・打ち込み・地稽古、または、剣道具を着けなくても、ストレッチ体操と素振り、鏡の前で構えや、蹲踞から立ち上がりの稽古などいろいろな組み合わせで、その時の状況に合わせて取り組んできました。しかし、限られた時間かもしれませんが、いや限られた時間（例20分×10回＝3時間20分）だからこそ、「継続の力」は大きいと思います。

また私は、なぜ朝にこだわったのか。それは、昔から「朝鍛夕錬」といわれるからです。剣道部員にも言っていますが、一般的には、試合や審査は朝からですので、自分自身の中で、朝の段階から出し切る感覚を「当たり前」にするところを、意識して取り組みました。このように、朝を大切にする意識が、また一日を大切にする気持ちが、必然的に生活のリズムを整えること（内容の充実）につながっていると感じています。

「仕事も稽古」の心持ちで心がけた4つのこと

一、私自身、以前より姿勢が悪く稽古でよく注意を受けていました。会議などは椅子に座ることが多いので、その際、気付いたら座りなおし、深く座らずに背筋を伸ばして、あごを引き、話す相手を注視するなど、面をつけなくてもちょっとした工夫で、少しずつでも姿勢は改善されるのではないかと思います。

二、職員室から教室や授業場所へ向かう時も、毎日の階段（5階程度1日5往復つま先歩きなど）の上り下りをトレーニングだと思えば、あえてトレーニングもしなければいけない、と思わなくてもすむと思い継続しました。工夫と考え方次第ではないかと思います。

三、たぶん受審されている方は年代的にも仕事の上では、重要なポストについておられる方も多いことと思います。私も仕事が立て込んで、思うように稽古ができない時、ある範士の先生のお言葉から、「焦る気持ちやストレスで仕事を中途半端にすることは良くない、一所懸命に仕事に取り組みなさい。そうすれば、剣道は弱くなることはない。但し、仕事を怠けると剣道もすぐ弱くなる」とご教示いただいたことがあります。大切なことだと思っています。

四、平素、道場の稽古日に出張や会議が重なることが多かった（現在もそうです）わけですが、「稽古は面をつけるだけではなく、たとえ稽古時間に限りがあったとしても、そこに向かう気持ちがすでに稽古である」と、励ましのお言葉をいただき、一本でも二本でも充実感を味わう稽古ができたことも、記憶に新しいところです。気持ちの充実は大切だと思います。

今回の審査では、技でどうこうというよりも、余計なことは一切考えず、まず「肚を決める」「充実感」の二点に絞り、今回の審査に臨みました。結果、おかげさまで合格することができました。今までご指導いただいた先生方・先輩・剣友の皆様に、心より感謝申し上げたいと思います。

正しい構えが打てる構え 左拳の位置、足幅に気をつけた

033

安田　勉（滋賀県・会社経営）

やすだ・つとむ／昭和30年滋賀県生まれ。八日市高から龍谷大を経て、現在、㈱安田開発・㈱安田組代表取締役。平成20年11月、八段合格

平成20年11月25日夕刻、最終の形の審査を終え「合格」の声をいただいた時、緊張からの解放と同時に、私にとって生涯忘れることのできない感動の一日となりました。今回合格させていただいたのもこれまでご指導していただいた諸先生、剣友、家族、またいろいろなかたちでお世話になった皆様の「おかげ」と心から感謝しております。

仕事と剣道の両立
何事も地道にコツコツと

高度成長期の終焉後、好・不景気のサイクルが激しい経済状況下で職務の責任上、なかなか思うように剣道ができない時期が幾度かありました。しかし、「時間は自分が作るもの」「地道にコツコツ修行していれば必ず伸びる時期がくる」と自分自身を信じ、気持ちの持続を心がけて稽古を継続してきました。このことは仕事面においても非常に共通点が多いと思います。

八段審査を意識し始めた頃、ある先生から、①まず受審できるそれ相応の体作りが必要ですよ。②2、3日続けて稽古しても、その後2、3週間空ければ無意味ですよ、となんともありがたい助言をいただきました。

そこで①の取り組みについては、一人稽古でも可能ですので、剣道具をつけられない時など、短時間でも下半身強化、素振り、ストレッチ運動などを実践。②については、1ヶ月を1週間単位で区切り、稽古日を可能な限り作り出すようにしました。

とくに私が七段をいただくと同時に、数人の剣道仲間と毎週火曜日に「千一会」という稽古会を始めました。地域・職種・年齢に関係なく誰もが参加できるこの会は、私にとって互いに求め、高め合うことのできる点でたいへん有意義でした。（稽古会場をお世話いただいた県立河瀬高校の先生方には感謝しています）

以前の私は、どちらかというとスピードに頼る剣道でしたので、左拳の位置が低く、また足幅も広くなっていました。この構えでは相手の上に乗る技が出せませんし、相手に圧力をかける、まして風格のある構えなどほど遠いものです。

一度ついた癖を矯正し、自然なかたちで自分のものになるまでには、地道な努力以外ないと考え、稽古後、先生方、剣友たちにチェックしてもらいました。

日常生活では部屋、洗面所、会社など鏡があれば構えている自分がいました。

出稽古による懸かる稽古
攻めと気をいただくよう心がけた

仕事を効率的にこなし、県剣連稽古会、全剣連近畿地区合同稽古会にできるだけ参加し、いろいろな先生方の「攻め」「気」をいただくよう心がけ、また、第39回中堅剣士講習会に参加する機会を県剣連から与えられ、一流の講師の先生方、剣士にご指導していただいたことは私にとって、剣道に対しての考え方の転機になったと思います。

その時のご縁で上垣功先生から、奈良県川上村で実施されている審査前稽古会にお誘いをいただき、「道場は恥をかくところ、初心にかえってください」と教示され、切り返し・打ち込み稽古・掛かり稽古中心に内容の充実したものでした。

とくに効果的だったことは、本番に則して2分間の立合稽古。発声、間合のとり方、姿勢、打突の機会など指導していただき、自分の感性とはギャップがあることを知りました。同時に面を打った後、体が反りすぎるという欠点も指摘していただいたこと、また立合時間の感覚も体感することができました。

技は攻めの延長
審査は稽古の延長

審査本番に向けて普段の稽古で意識したことは、
一、体調管理（充実した「気」は健全な身体に宿る）
二、相手によって臨機応変に技が出せるようにする（決め技をイメージしすぎない）
三、大事な初太刀は自分勝手に打たず、合気になるまで我慢し、相手を動かし、隙をとらえる
四、中途半端なさばきをしない（手元が固くならず無理のない体勢→瞬速→打ち切る→残心）
当日、一次審査ではなぜか相手がよく見え、普段通りの立合ができ合格いたしました。

二次審査まで集中力を切らさず、また立合のことはあれこれ考えず、時間を見計らって会場の外にある遊歩道をジョギングするうち自然と心が静まり、今から思えば肩の力が抜けた感じがしました。その結果、自分自身の全力を出し切れたと思います。

これからは「一剣報恩」の精神のもと、段位の重さを胸に刻み、精進努力したいと思います。皆様のより一層のご健闘をお祈りいたします。

初太刀とは出頭技ではない先を取る中味を工夫研究した

034

桑原慶二（香川県・刑務官）

くわはら・けいじ／昭和35年鹿児島県生まれ。鹿児島商工高卒業後、刑務官を拝命。平成20年11月、八段合格

欠点には素直に耳を傾ける一足一刀の間合の入り方が重要

私は、昭和54年4月に刑務官を拝命し、東京拘置所、松山刑務所での勤務を経て、平成11年4月より

法務省高松矯正管区の武道教官として、矯正施設（刑務所、拘置所、少年院など）に勤務する職員の剣道および矯正護身術などの指導をさせていただいております。この頃から剣道八段を意識するようになりました。

それまでは、試合に勝つことを重点においた稽古をしていましたので、このままでは合格できないことはわかっていました。そこで、日頃の稽古で先生方に積極的にご指導を仰ぎ、指摘していただいた欠点には素直に耳を傾けるようにしました。

また、審査員の先生方がどのようなところに着眼されているのか関係する本を読みあさりました。

今回3回目の挑戦で幸運にも合格できましたが、初めての審査では、初太刀の技を打つことを意識しました。初太刀は出頭技だと思っていましたので、自分なりに納得のいく技が出せたのですが、結果は不合格でした。2回目も出頭技が打てたのですが、またも一次審査で不合格。このままでは何回受審しても結果は出せないと思い、もう一度本を読んでみました。するとそこには、

「先を取る中味」を工夫・研究し続けた人は、ただ先に攻め入って打って出た人とでは、長い間に技の理合の洗練において差が生じる。また、打突は先を取って、一足一刀の間合から、打つことになるが、

この一足一刀の間合に至るには、

一、自ら進んでその間に入ったのか。

二、互いに譲らず、互格のまま入ったのか。

三、相手に入られたのか。

この三様によって、対応は異なる。

とありました。これだ！　と思いました。初太刀というのは、出頭技でないということが理解できる

ようになり、それから「先を取る中味」を自分なりに考えながら稽古しました。

八段審査に向けて心がけた7項目

その他には次のような点を心がけました。

一、大きな声での発声

声も技の一つと思っていましたし、腹から掛け声を出すと体全体の余分な力が抜け、全身が軽くなり、手の内も力みなく構えることができるようになりました。一次、二次審査とも、命がけで審査を受けているんだ、という気迫が、審査員の先生方に伝わるような発声が大切だと思います。

二、日本剣道形の一人稽古

形稽古をすると、足の運びがスムーズになり、打ち間に入る際、無理なく入れるようになりました。また、目線がずれず的確に打突部位をとらえるようになった感じがしました。

三、つねに鏡を見てチェック

剣道の原点である厚みのある構えができるよう左手の位置、正しい姿勢、腰の水平移動を意識しながら、道場でも自宅でもつねに鏡を見てチェックしました。

四、長呼気丹田呼吸法

気持ちがうわずらないために、短く吸って長くゆっくり吐くことで下腹に力がはいるよう意識して呼吸しました。下腹に力がはいると腹から発声したときと同様に体全体の余分な力が抜け、全身が軽くなり、手の内も力みなく構えることができました。

五、自宅での素振り

普通の木刀や竹刀だと、自宅では天井にぶつかるので、室内用木刀で素振りをくり返し行ないました。

六、2分間一本勝負

誰に対しても2分間一本勝負の気持ちで気の切れないように、全精力を出し切れるよう努めました。

私は、平成15年より香川県高松市の紫雲中学校の剣道講師をさせていただいています。大人と稽古するときは、2分間集中できますが、中学生と稽古するときは指導することが多く集中しにくいので、相手が中学生でも2分間は集中して全精力を出し切れる稽古を心がけました。中学生にも相手の気を感じる剣道を体験でき、お互いに良い稽古につながると思います。

七、足腰の強化

年齢とともに筋力は落ち、反対に体重は増えていましたので、そのような体で八段審査に臨むのは無謀と思い、毎朝3キロのジョギングをしました。

以上が八段審査に向けて実践したことです。今回昇段させていただいたのは、矯正職員の皆様、香川県剣道連盟の先生方、また香川県高松市立紫雲中学校の剣道部員ほか多くの方々のおかげであると感謝しています。今後も感謝の気持ちを忘れず日々精進していきたいと思います。

二次7回失敗 打たない勇気で合格した

035

中村福義（東京都・道場経営）

なかむら・ふくよし／昭和23年東京都生まれ。慶応義塾志木高から慶応義塾大を経て、母校剣道部の監督を務める。現在、東京修道館館長。平成20年11月、八段合格

私は生家が剣道場という極めて特殊な環境に生まれ、しかも男子一人だったため、4歳から自然に剣道の修行を開始しました。記憶にはありませんが、初めに竹刀の持ち方を教わったのは父・鶴治と祖父・彦太からのようです。

6歳からは阿部三郎先生に師事し、大学時代から中野八十二先生、佐藤博信先生、福木修二先生に師事し、この数年は渡邊哲也先生、中山峯雄先生、伊藤知治先生、石ヶ森重人先生に鍛えられました。こ

の間、一刀流中西派五行の形を高野弘正先生にご教授いただきました。

稽古上の注意点9つ 日常生活で心がけたこと

慶應義塾大学を卒業後、27歳から母校剣道部の監督を3年務めましたが、その後、仕事の関係で海外に赴任し3年ほど修行が中断されました。修行を再開したのは33歳くらいからです。

38歳で七段を取得し、48歳から八段に挑戦し始め、今回の合格までに13年かかり、その間に一次審査には7回合格しました。

50歳頃までは、普通に稽古を続けていればいずれ合格するとたかをくくっていましたが、だんだんと八段審査の難しさがわかるようになりました。本当の意味で強い意志をもって八段審査に挑戦しだしたのは55歳くらいからです。その頃から稽古法も先生方、先輩方のアドバイスを素直に取り入れるようになりました。

具体的な稽古上の注意点は以下の通りです。

一、居つかないこと

物理的には右足の踵をべったりと着かない。精神面では打突部位にこだわらないこと

二、つねに攻めること

三、力まないこと

先に手を出すのではなく、常に少しずつ左足を相手に近づけ、相手を追い込み、起こりを誘う

とくに右手の握りと二の腕、肩に力を入れない。右手に力が入ると起こりが打てず、打っても冴えのない打突になる

四、両足の内側を締めること

強い踏み切りには欠かせない

五、打ち切ること

返されることを恐れず打ち切る

六、大きな目付け

相手の利き目から目を離さず、大きな目付けで全体の動きを掌握する

七、稽古の最後に必ず門生と一緒に切り返しと基本の打ち込みを行なう

八、子ども相手の稽古も積極的に行ない、決して相手の打突を抑えず、手の内を柔らかくして相打ちと応じ技の練習を行なう

九、高校生や大学生の相手をする時は絶対に迎え突きはしない。速い打突に遅れないように相打ちで打ち勝つ練習を行なう

50歳くらいから脚力の衰えを感じ出したので、朝食前か夕食後に毎日40分ほど早歩き（ジョギングは膝を痛めるため）を実行しています。それ以外にもスクワットを毎日40回くらい続けています。

今回の審査で心がけた5項目

一、打たない勇気を持つ
過去7回の二次審査では我慢ができず、自分から仕掛けていって、不充分だったり、返されたりしたことを反省した
二、居つかないこと
立合の間ずっと右足の踵を軽く浮かせていた
三、つねに攻めること
自分から間を詰め、相手の起こりを誘う
四、力まないこと
右の手の内を柔らかく、自然な打突ができるようにする
五、大きな剣道をする
大きな目付けで体の反応に任せる
以上が日常の稽古や生活また今回の審査で心がけた点です。
これまで長年にわたりご指導をいただきました先生方、ともに切磋琢磨した剣友の皆様に心より感謝申し上げます。本当の修行はこれからと思っています。今後は剣道を通じて自分なりに社会貢献をしていきたいと願っております。

自分に負けない気持ちを継続させることが合格への道

036

伊藤好晴（大阪府・警察官）

いとう・よしはる／昭和27年熊本県生まれ。鎮西高から大阪府警に奉職。平成20年5月、八段合格

八段位を取得してはや9ヶ月余りが過ぎようとしています。昇段した当初は、各方面の方々より祝賀会などを開催していただき、良き師、仲間に感謝の気持ちでいっぱいでした。現在は八段位を取得した重責、これからの稽古をいかにすべきかなど複雑な心境でありますが、「八段合格の秘密」というテーマで原稿を書くにあたり、合格の秘密といえるものではありませんが、私の拙い経験について述べたいと思います。

我を出すことではなく、我以外皆師という気持ちが大切

一、剣道の基礎を作ってくれた府警剣道部

私は、熊本県出身で鎮西高校を卒業後、昭和46年大阪府警に入り、1年間の警察学校教養を経て、剣道特別訓練員、通称「特練」と呼ばれる大阪府警剣道部がある大阪府警察第一機動隊に配属になりました。機動隊勤務は、本来警備事案が優先ですが、警備事案などがなければ、ほとんど毎日、午前・午後約2時間の稽古が行なわれ、とくにシーズン初めの2月、3月は、切り返し、掛かり稽古、追い込み稽古など、基礎体力向上を目的に鍛え上げられ、4月以降は、午前は部内（外）試合、午後は師範の先生方の元立ちによる地稽古を中心とした厳しい稽古を年間通して行ない、特練に入った頃は、稽古についていくだけで精一杯で試合どころではありませんでした。

当時、特練の陣容は、主将に有馬光男先生はじめ濱田征平先生、小川功先生など、ほかにも全国に名を馳せた先生方の中での稽古をさせていただき、とても感謝しています。

やがて3年、5年が過ぎ、技術的には一定の水準まで上げることができてもメンタル的な部分ではなかなか成績をあげることができず、何度か剣道をあきらめ、別な職業も考えたこともありましたが、昭和52年特練を退籍し、3年後、指導者としての道を与えていただきました。

特練在籍中、人に語れるような成績はありませんでしたが、府警剣道部で培った気力や精神力、誇りやプライドを持った厳しい稽古は今も変わることはありませんし、府警剣道部での稽古が私の剣道の基

礎を作り、合格への布石になったものと思います。

二、良き師との出会い

私自身、特別な合格の秘密というのは、思い浮かびません。ですが、良き師と出会うことは、合格への一番近道であると思います。

合格するまでの私の剣道は、ただ勢いに任せ相手の気持ちも考えず、独り相撲のような稽古を行ない、一次審査にすら合格することはありませんでしたが、警察学校で剣道教官として2年間勤めていた当時、府警ＯＢで同郷（熊本県）の古市満洲男先生とともに勤務する時期があり、古市先生との出会いが私の剣道に対する考えが変わり、合格への道しるべとなりました。

古市先生の稽古は、約1時間の稽古で、基本練習が8割、地稽古、掛かり稽古が2割という内容でした。剣道を続けていくと、自分の形が出来上がり、知らないうちに自分勝手な稽古をしがちです。しかし、古市先生の稽古は、ほとんど基本練習が中心であり、地稽古にあっては、相手と合気となって行なうもので、過去に2回一次審査を合格した時は、古市先生に稽古をつけていただいた時でした。そして、我慢すること、辛抱することがようやくわかりかけてきた時、12回目の挑戦で合格させていただき、合格は古市先生がつけてくれた稽古のおかげだと深く感謝しています。

稽古は、ただがむしゃらにやるのではなく、基本を忠実にくり返し行ない、そして、良き師について正しい方向に導いてもらうことが大切で、我を出すのではなく、「我以外皆師」という気持ちを忘れず、いつも新鮮な気持ちと自分から厳しさを求め、自分に負けない気持ちを継続させることが、合格への道といえます。

教えることが教えていただくこと

指導者となり、5つの警察署で剣道教師として勤務させていただき、警察署での剣道特練生も指導してきました。そして、それぞれの警察署においては少年剣道にも携わり、子どもという大きな財産を得、子どもに秘められた無限の可能性にも感嘆させられました。

私は、教え子たちといつまでも稽古をしたい、子どもたちに正しい剣道を教えたい、子どもたちにとって良い先生、自慢のできる先生になりたいと思いながら稽古や指導してきたことが、知らないうちに私自身が教えてもらうことになり、このことも昇段につながっていると思います。

三、いつまでも追い求める姿勢

近大附属高校の朝稽古に参加させていただくようになって17年近くなります。この朝稽古は、毎週土曜日午前7時から始まり、参加者は府警ＯＢの先生、現役の先生、教職員の先生、一般、学生、高校生と参加し、いつも熱気に溢れ、ここに来られる先生方も剣道が好きで求めてくる先生ばかりで内容が充実しています。

終わりに、私自身も八段に昇段したからといって、私の剣道に変わりはありません。今以上にもっと強くなりたい、もっと上手になりたいという気持ちを忘れず、これからも一所懸命稽古に精進したいと思います。

剣道もシャッターチャンスも同じ
相手との間が大事

037

山畑阿威麿（大阪府・自営）

やまはた・あいまろ／昭和15年大阪府生まれ。泉尾工業高から写真専門学校へ進み、家業の写真スタジオ（友仁堂写真館）を継ぐ。平成20年5月、八段合格

打ち込み体当たり引き面
毎週2回×30分×10年間継続

私が稽古で一番心がけたことは、掛かり稽古、面の打ち込み、遠間から小手・面体当たり引き面、こ

れを毎週2回、約40分間、なかに10分ほど休みを入れて一緒に稽古する人たち10名～15名の人数で10数年続けています。おかげで、この年齢でも思い切った面、小手・面が出るのだと喜んでおります。

月・水・金・土曜日は朝稽古で、元立ちの先生方に勢いよく面が打てるか、打った後の姿勢はどうか、足の幅、左足の送り、左手の位置なども、稽古後、ご指導いただきました。朝稽古のない日は、自分の家で素振りを、正面打ち１００本、左右面１００本、蹲踞して１００本、大きく振ること。竹刀は、素振り用に作った７００グラムの竹刀を使用しています。素振りをしないで稽古するのと、して稽古するのでは、しっかり素振りした日の稽古の内容がずいぶん違っているように感じます。

日常で心がけていたことは「スクワット」（両手を頭に乗せ）をお風呂に入った時、シャワーを浴びながら毎回50回程度続けている。入浴中は、座って両足のひざを曲げ、前後に屈伸運動を１００回くらい、温まりながら続けている。電車に乗り稽古に行く時は、立ったままつり輪を軽く持ち、左足に重心、安定感を養うことなどを心がけています。

30㎝の間を取ってから攻め合う相手に気合負けしなくなった

写真館を父から引き継いで40年になりますが、仕事を引き継いだ当時は白黒写真が主でした。撮影はもちろん、現像、焼付、仕上げと自分で全部しなければならない時代でした。大変忙しく夜の稽古はできなかったのですが、修道館で朝稽古をやっていることを知り、週に一度くらい稽古に通っていましたので自分の稽古をやめずに続けられたと思っています。

剣道も写真を撮影するシャッターチャンスをとらえる機会とよく似ているところがあると思います。少しでもためらい、焦りがあると、写真もよく撮れないし、心を冷静にして、相手とのタイミングを外さないように、シャッターを切ることが良い作品が出来上がると思います。いかに相手との間が大事かが理解できたように思います。何事も無理をして行動をすると良い結果が出ないと思います。

八段に挑戦して10年になります。私が受審する時から東京での審査が始まり、年2回になっていました。11月の東京から受審をしましたが、当時は八段を受審しているだけで満足していました。それから清風高校の朝稽古に参加させていただき、西善延先生、賀来俊彦先生に稽古をお願いするようになり、少しずつ剣道の稽古の内容が変わってきました頃に、東京で一次合格することができましたが、二次は何をやったかわからないままに終わり、当然不合格でした。

それから心に火が付き、朝稽古週4回休まず先生方に稽古をお願いし、先生方の稽古を拝見させていただき、5年間休まずに稽古ができました。とくに西先生からは一足一刀の間から攻めて打つことの重要性を指導していただきました。賀来先生には立合の間を30センチ置いて攻め合うことを強く教えられました。

そのご指導のおかげで相手と間を置くことができ、相手に気合負けしないようになったと思います。今までは近間すぎて相手の竹刀に動かされていましたが、遠間での攻め合いは無理なく立合ができるようになったと思います。先生方の教えを会得し、自分なりに理解をし、休まず日頃錬磨することが大事だと思っています。

質の高い剣道を目標に取り組んだ9つのこと

038

笠谷浩一（大分県・警察官）

かさたに・こういち／昭和35年大分県生まれ。杵築高卒業後、大分県警に奉職。平成20年11月、八段合格。

今回の八段審査を受けるにあたり、私はこれまでにない充実した稽古をすることができました。それは地元開催の国体に向けて県内外から範士八段の指導者の先生方を招致して「質の高い剣道」を重点に毎週強化稽古に取り組んできました。

その強化稽古の内容は、準備運動での筋力強化・素振り・基本打ち込み・切り返し・打ち込み稽古・掛かり稽古・互格稽古・指導者稽古・試合稽古などでした。

われわれが剣道を修行していく上で必要な基本稽古を中心としたものでした。さらに「初太刀一本の重要性」と「打ち切る」ことも重視していました。

打突後も縁を切らさない 最後に打ち終わるのは自分だ

一、稽古で心がけたポイントについて

(1)素振り＝気を込めての素振り

・上げ下ろしを早く（一拍子）

・足の引きつけ

・打突部位に対してぶれない素振り

(2)仕掛け技＝剣先を効かせて遠間からの大技、小技の打突

・立ち上がりの充実した気勢（気の充実と発声による）

・右足で攻め込んだ際の左足の引きつけ

・一足での打ち込み

(3)、応じ技＝自分から攻め込み相手を引き出した応じ技

・剣先による中心の攻め

・相手を引き出すことを意識

・体さばき、足さばきで次の打突の準備

⑷打ち込み
・遠間から正しい姿勢・足運びでの大技・小技の連続打ち
⑸掛かり稽古
・連続打ちの際に体当たりで体勢が崩れないこと
・打突後も相手よりも先に構え、縁を切らさないこと
⑹互格稽古＝「初太刀の一本」と「打ち切る」ことを立ち上がりから意識
・礼法から気の充実
・立ち上がり腹からの発声
・生きた剣先（中心を外さない・手元を上げない）
・右足からの相手への攻め込み
・打突の機会を作り、その機を逃さず迷わず打ち切ること
・初太刀は必ず打つ気持ち
・最後に打ち終わるのは自分だという気持ち
・打突後も間の切れない気持ち

二、その他参考にしたこと

⑴国体、全日本選抜剣道八段優勝大会などでの先生方の試合（ビデオを含む）を観戦して技術面（構え・攻めの姿勢・打突の機会）などを学びました。

⑵テレビなどで、剣道競技だけでなく国内外のトップアスリート選手の目標を達成するための練習への取り組み姿勢・生活面での姿勢、自己管理・精神面などのインタビューを聞いて参考にしました。

(3)剣道雑誌などでいろんな先生方の技術面・精神面・鍛錬の方法などを参考に実践しました（とくに大切なことは、長所を生かし短所を軽減していく方法を見つけ実践すること）。

理容業のオーナー71歳、挑戦18年、38回目で大願成就

039

工藤一夫（青森県・自営業）

くどう・かずお／昭和13年青森県生まれ。五戸高から日本大へ進む。卒業後、東京で理容の修業の後、郷里へ戻って家業を継ぐ。平成21年11月、八段合格

私はおかげさまで今回18年と38回の受審で八段合格させていただきました。その間、一度もあきらめたことはありませんし、稽古さえしていれば必ず夢は叶う、大願成就するという信念がありました。

私の道場の神棚の下に日大剣道部の大先輩であります斎藤寛先生の「唯稽古」という色紙が掲げてあります。これは剣道をやらないおふくろが私の留守の間に、大工さんに頼んで水戸東武館館長小澤武先生の写真や、私が中学3年生のときに書いた「己の道に第一人者たれ」や大会の表彰状などと一緒に額

に入れて掲げてくれたのでした。

私はその後、中村毅先生、山崎正平先生、並岡武男先生の写真を掲げました。朝晩の稽古に神前と先生方の写真と色紙に礼をして稽古をしました。私は父に稽古さえしていれば、鬼みたいに強い人でも、怖くはないと言われていましたので、それを信じて唯々稽古に励みました。

打たれることは死ぬこと 生死の境に身を置いた稽古

八段審査挑戦から15年を過ぎた平成18年9月25日、私は岩手の原田源次先生に、福岡高校の道場で「先生、剣道で一番大事なことは何ですか」とお訊ねしました。先生は「行なうことだな、動くことだな」とおっしゃいました。私はうといものですから「先生、行なうこと、動くこととは何ですか」と再びお訊ねしましたところ、先生は「稽古だな」とおっしゃいました。私はとっさに「先生、稽古はなんの稽古ですか」とみたびお訊きすると、「基本のくり返し、くり返しだな」とおっしゃいました。それ以降、私は家へ帰って朝晩五段、六段受審者の方と基本をくり返しくり返し稽古しました。

また40年前、私は父のすすめで新潟県五泉市在住の山崎正平先生（昭和43年の剣道日本一）が行なっていました五泉の合宿に参加させていただき、ご指導いただきました。その際、山崎先生から「工藤さん、何か疑問があったり迷ったときは一人で悩んでいないで何でも電話で聞きなさい」と言われ、私は何かあると電話でご指導いただきました。先生は「努力にまさる天才なし」と、息子さんに尚（まさる）というお名前をつけられたそうです。現在、愛知県警の山崎尚先生です。

私は京都大会へ山崎正平先生と2回お供をさせていただきました。剣道では尚先生よりもお世話になったと思います。ある年、先生に「剣道で一番大事なことは何ですか」と、お訊ねしました。山崎先生は「一に練習、二に練習、三に練習、四に反省」と教えていただきました。

さらに先生は「昔の人は打たれることは死ぬことだと思って稽古したんですよ、そのくらい真剣にやったので強くなったんですよ」とも教えていただきました。私もそれ以来、打たれることは死ぬことだと思って真剣に稽古をしました。

わが父に学んだ出稽古精神 15年間、夜行バスで上京する

私の父は無類の剣道愛好者で仕事の修業時代できなかった剣道を、独立した30歳で始めて50歳で五段になりました。父は指導者がいないものですから、学生時代、剣道をやった若い人を見つけると竹刀2本防具2個を自転車やバイクにくくりつけて、毎朝のように他の町村まで出かけて稽古をしていました。小さいときから父の剣道に対する意気込みを見ておりましたので、最初はやらされておりましたが、あとからは稽古することが当たり前と思っておりました。また父は剣道が強くなるのが親孝行だと言うものですから親孝行したい一心からどんな状況でも稽古をするのが当たり前と思い、少しも苦になりませんでした。

私も今から約15年前、父が元気だった頃は父が喜ぶ笑顔を見たさに約15年間、仕事（理容業）が終わってから夜行バスで上京しました。最初は高校3年の春休みに武者修行に加藤正治先生の秋田商業に行

った時、特に親しくなった加藤浩二先生のお世話で皇居の中の済寧館道場に行きました。

夜行バスで朝6時30分頃、東京駅八重洲口に着き、東京駅のレストランで朝食を食べ皇居前広場まで歩き、皇居前広場のベンチに1時間ほど横になり、加藤浩二先生に9時20分に迎えに来て頂きました。加藤先生が迎えに来られない時は、若い人が迎えに来てくれました。

その後、久保木優監督、中村毅先生のいる日本大学剣道部道場、秦先生、原緑先生のお世話で港区スポーツセンター、国立の関根日吉先生の道場、西東京稽古会、八王子の大塚敬彦先生の道場、豊田の錬成会館の道場、東競武道館、東京近郊の小学校体育館、武道館、豊島区体育館などありとあらゆる機会をとらえて稽古をお願いいたしました。

そして後半の10年間は野間道場、警視庁、国士舘大学、全剣連合同稽古、全日本剣道道場連盟研修会、関東管区警察学校、新松戸の松風館道場でお世話になりました。一心になり無我夢中で上京したものだと思います。

朝、五戸に帰りますと早速父に報告し、自宅に帰り風呂に入り、身支度をして朝食をとり、すぐ仕事に行きます。毎月、毎月、そのようなことを続けました。夜は近隣の武道館に出稽古に行きました。

上京時には森島健男先生、関根先生、長崎正二郎先生、長堀久五郎先生、岩立三郎先生、中村先生、田原弘徳先生、大塚先生、矢野博志先生、太田昌孝先生、友川紘一先生など多数の先生方の多大なるご指導をいただきました。

20年くらい前でしょうか。沖縄へ会議で行ったとき、飛行機の検査が厳しいので竹刀一本調達して、佐久川憲勇先生にお願いして稽古着・袴・防具をお借りして佐久川先生と田場典宣先生に稽古をお願いしご指導いただきました。終わって佐久川先生に「工藤さん、僕は何でも貸しますが、稽古着と袴だけは持って歩いたほうがよいですよ」とご指導いただきました。それ以来、私は全国どこで会議・会合、研修旅行にも剣道具を持って出かけてご指導いただくようにしています。

普段は朝、私の道場（修心館工藤道場）で稽古をし、夜稽古のないときは仕事が終わってから八戸の武道館に通ったり、一戸町役場の道場で小笠原宏志先生にご指導をいただいております。70代に入ってからは、体力や健康のことも考えて夜行バスでの上京は卒業して、青森市の尚道館（山野辺辰美先生）へ車で約2時間かけて通ったり、弘前市の北辰堂へ小山秀弘先生、長内淳介先生に稽古をお願いしに行くようにしました。北辰堂へ行くときは、朝3時に起きて身仕度をして車で出発。約3時間かけて朝もやに煙る八甲田山を越え、酸ヶ湯温泉の前を下って城ヶ倉大橋を渡って朝6時10分前に道場到着。6時から7時までの朝稽古に参加して、また八甲田山を越えて帰ってきました。

悪癖が直った松風館の道場力
刃筋正しく面が打てるようになった

このように多くの先生方にご指導を受けましたが、なかでも岩立三郎先生との出会いが大きかったです。私は10年ほど前に道場連盟の研修会で岩立三郎先生のご指導をいただき、松風館道場に何度かお邪魔させていただきました。昨年3月、また道場連盟の研修会に岩立先生が筆頭講師でいらっしゃいました。私と妹は、そのお人柄と素晴らしい剣道に感銘を受けました。とくに私は八段審査も18年になっておりましたので、わらをもつかむ思いで研修会後、松風館道場に毎月通わせていただくようになりました。

東北新幹線で上京。金曜日夜の稽古、そして翌日の高段者の稽古会は各県より参加の方もありまして大変刺激になります。私は体格では劣っていても気魄では誰にも負けないで錬磨するぞ、という気持になりました。金曜日の夜は日本剣道形から始まり、その後、岩立先生自らの素振りの指導が終わると稽古が始まります。切り返し、技の基本稽古、打ち込み稽古、まわり稽古を終えると、汗びっしょりになります。時間は22時半になっていたと思いますが、時間の経つのも忘れるほど一所懸命やり、本当に充実した稽古でした。その後、ストレッチに入りますが、ストレッチをやったことのない私はマネてやるしかありませんでした。

私は以前からよくかつぐとか、またかついだなとか、かつがないで面を打ちなさいとか、大きく振りかぶって打ちなさいとよくご指導を受けておりました。長年の癖が直らず悩んでいたところ、松風館道場で岩立先生から真っ直ぐ中心をとらえて刃筋正しく面部位の後ろまでゆくように打ち切ることをご指導いただきました。

家へ帰ってから、その教えを忠実に守って妹と何回も何回も次の月までの課題として取り組みました。併せて松風館道場でやっている上下素振りを徹底して行ないました。反復練習しているうちに、自然にかつがないようになりました。そして周りの先生方に剣道が変わってきたとも言われるようになりました。

出小手も同じでした。私の得意技なのですが、長年の癖で回して打ったり、打ったあと、もぐるようになったりしていました。審査のあとに先生方が「もぐりましたね」とよく言われたりもしました。この技も私の課題の一つでした。

土曜日は高段者の稽古会。岩立先生、高崎慶男先生をはじめ、若手の八段の先生方がずらりと元立ちに立たれまして、真剣勝負の稽古会です。私はみなさんに気合を入れていただき、課題の出小手のときはお尻を押されて必死に稽古しました。跳び込んでいくような気持ちで、足を前に出すようにし、姿勢を崩さないで打つように教えていただきました。

こうして毎月通わせていただきまして、私も妹も剣道が変わってゆきました。帰路では早く岩立先生、高崎先生、諸先生方にご恩を返せるようになりたいと念願しておりました。

二次審査前、古田先生の助言
「臍を前へ突き出すように攻めよ」

昨年11月25日、一次審査合格後、私は会場の裏側でじっと静かに座り、集中して二次審査に備えていました。その時、山口県の古田坦先生が私の前をたまたま通られました。古田先生には道場連盟の研修会でもご指導いただいておりました。古田先生は「二次はしっかり構えて臍を前へ突き出すようにしなさい。そうすると身体も前に出るし、姿勢もよくなる。しっかりやりなさい」とアドバイスをしてくださったのです。

私は二次審査では古田先生の教えのとおりに実践して、打ち切ることを心がけました。実際は無我夢中でよく覚えていませんが、ただやるだけはやったという充実感だけが残りました。二次審査は、すべてがかみ合ってよい方向へいったのではないかと思います。おかげさまで合格させていただきました。

山崎正平先生、高崎慶男先生は「努力は人を裏切らない」とおっしゃっておりましたが、まさに実感しております。まだまだ私の努力は足りません。ですが、先生方の教えを守り、もっともっと稽古に励み、これからも先生方のご指導をいただき、少しでも上の剣道をめざして修行したいと思いますので、どうぞよろしくお願い申し上げます。先生方、本当にありがとうございました。

039　工藤一夫

「試合で『先の気』と『懸かる気』を錬った」

失敗から学ぶ 相手を生かし、自分も生きる境地

040

松本政司（香川県・警察官）

まつもと・まさし／昭和37年香川県生まれ。琴平高から国士舘大を経て、香川県警察に奉職。現在、香川県警剣道師範。平成21年5月、八段合格

大事なことは身近にある 自分の剣道を見直した

私は2回目の受審で八段審査に合格することができました。半年前の受審に失敗し、ある先生からの

便りで「もっと徹底したほうが……」という言葉をいただきました。そのとき心の迷いを見透かされたようで、見る人がみればわかるのだと自分自身の中途半端な立合を深く反省したところです。それ以降、次回審査に向け、迷いが生じないように徹底すべき事項は何かを考え続けていました。私が重要視した点は立合の流れでしたが、自分自身でここだというところが掴みきれておらず、立合では相手の一挙手一投足に振り回され本来の自分の剣道を出しきれていなかったようでした。

それから約1ヶ月、剣道書などを読み漁っていたのですが、そのヒントは『剣窓』（平成21年1月号）の剣道八段審査会評（矢野博志先生）で明確に示されておりました。まず〈相手を生かし、自分も生きる境地で立合に臨む〉まさに合気であり、一人相撲ではいけないこと。そして三殺法の攻め。その他、打突の機会（我慢）、間合について、そして最後に、初太刀の重要性で締めくくられておりました。

これまで何度も聴いた言葉でありましたが、それらが素直に溶け込んでくる感じがしました。ただ、これまでほとんど自分の稽古に生かされていなかったことを反省するとともに、大事なことは特別なことではなく意外と身近にある、足元にあるということを気づかせてくれたようにも思えました。あえて弘法大師の言葉を使わせていただくのなら「医王の目には途《みち》に触れて皆薬なり。解宝《げほう》の人は鉱石《こうしゃく》を宝と見る」（名医は道に生えている草の中からも薬を見出し、宝を解する人は普通の石の中からも宝を見つける）ということだと思います。何十年と剣道を続けながら、まだまだわかっていない自分自身を深く反省し、もう一度これまでの自分の剣道を見直すことができました。

無くて七癖
審査に向け悪癖を修正する

やはり審査である以上、審査される先生方が何を求めているかということは重要な点です。八段を受審される先生方は当然剣道歴も長く、実績も多く残された方たちばかりだと存じますが、それゆえに我流に陥る可能性も捨てきれないと考えられます。「無くて七癖」と申しますが、私も若い時分はたくさんの癖があり、それゆえ試合に勝たせてくれた部分があることも事実です。しかし、八段審査を受審すると決めた以上、まずは審査にそぐわない癖を直すことは必須条件だと思います。何気ない他人の声を素直に聞くこと、そして、これだと思うことは徹底してやり抜き、審査員の先生もこれならと思ってもらえる剣道を心がけてまいりました。

稽古の基本軸は、前記「寸評」を心がけて行ないましたが、最終段階で注意した点は次の点です。

一、攻めて真っ直ぐ（左右に動かないこと）

立ち合って最初の一歩は必ず半歩でも1センチでも真っ直ぐ前に出る。これは子どもとの稽古においても心がけてきました。

二、左手、左腰（左足）を入れること

左脇が、相手から見て空いているようでは、相手をしっかり攻めることはできません。私の場合は、左脇を締め、左手の握りを上から正しく握ること（基本中の基本ですが）で、左足も開かず、攻め足ができるようになりました。

三、打ち切ること

審査という短い時間で、相手を打ち切ることは至難の業です。ですから、正確な打突にこだわることなく、よい機会に打って出よう。そして、当たらなくても最後まで自信をもって打ち切ろうと自分に言い聞かせながら稽古をしてきました。

四、最後まであきらめないこと

どんなに立合の流れが悪くとも、最後までチャンスがあると自分に言い聞かせ、じたばたせずに、これまでやってきたことを出し尽くせる立合をしよう。ということを心がけてまいりました。

先人の教えに学ぶ強い信念を持つ

受審出発の数日前、香川県剣道連盟河合理事長（当時）から『剣聖植田平太郎伝』1冊分のコピーをいただきました。何気なしに読み出すと、戦前戦後の全国や香川の剣道界の様子がうかがえるとともに、植田平太郎先生の背筋の通った凛とした姿が目に浮かぶようでした。地元、谷川猛美先生が生前、修猷館（香川県宇多津町）の道場中央に掲げた植田平太郎先生の写真を見ながら、「松本君、植田先生は千両役者のようだった。当時、先生はな……」としみじみと話されていた姿を思い出します。さまざまなエピソードを聞きながら、香川の先生方はほんとうに苦労されながらも剣道を愛し、そして強い自制心をもって誇りある剣道を守り続けてこられたことを考えると、何ともいえない感慨深い思いがしたものです。審査を終えた今も、何とか先生、先輩方の思いに応えたいという気持ちでいっぱいです。

この度の合格まで、いろいろなことを経験させていただきましたが、自分一人の力だけではない、何か大きな後押しがあったように感じます。日々の稽古で、しっかりとした自分の方向づけを持ち、絶対に合格するという思いさえあれば必ずや成就するのではないでしょうか。

この秋は雨か嵐か知らねども
今日のつとめの田草を取るなり
二宮尊徳

これからも日々の精進を怠らず、剣道界の発展に向けて微力を尽くしてまいりたいと思います。
最後に、ここに至るまでにいろいろと激励をいただき、また稽古をご指導いただいた先生方や剣友諸氏がいたればこそ、この栄誉に浴することができたと、この場をお借りして深く感謝申し上げます。

40年間、週1回の稽古課題を決めて取り組んだ

041

大芝信雄（神奈川県）

おおしば・のぶお／昭和20年兵庫県生まれ。豊中高から関西学院大を経て、川鉄商事に入社し、その後、関連会社の社長をつとめ、現トーセン顧問。平成21年5月、八段合格

私はサラリーマン生活40年間、週1～2回の稽古量でした。学生時代は別として、社会人になってからは猛烈な稽古をしたことはありません。このたび、こんな私に執筆依頼があり躊躇しておりました。毎回千数百人の方が八段に挑戦されます。私と同様、稽古時間の確保に苦労されている方が大勢おられると思い、少しでも参考になればとの思いで書かせていただきました。

私は中学1年から学校の剣道部（当時は撓競技部）に入り剣道を始めました。大阪学芸大学（現教育

大学）付属池田中学、豊中高校と剣道部として実績のない学校で稽古を続けました。ただ幸いなことに高校の国語教師で井坂賢一郎先生（故人）がおられ、この先生は関西学院大学の剣道部師範をされていました。先生のおかげで、高校1年の時から関学の合宿にも参加させていただき、必然的に関学に進学しました。当時関学は関西学生剣道優勝大会6連覇する関西最強の大学でした。また先輩には、松本敏夫、島田喜一郎、秋岡隆各先輩（いずれも故人）、私の5年上に今も活躍されている井上茂明先輩方など錚々たる先生に指導していただいたことが私の基礎となりました。

卒業後、鉄鋼商社に入社しましたが、剣道部があるわけでもなく、営業職で猛烈な仕事量と、頻度の多い取引先との付き合いが40年間ずーっと続きました。

大学卒業時は五段でしたが、このような状況下、昇段審査を受ける環境ではなく、仕事が少し落ち着いた46歳でやっと審査を受け始め、53歳で七段に昇段しました。七段昇段した時から、資格ができれば八段に挑戦することは、心に決めて稽古を続けました。

61歳から八段に挑戦を始めましたが、この頃から、現顧問の会社の合併問題があり、合併後も1年間この会社の経営を任され超多忙を極めました。そんな中で何とか週1回の稽古日を取るのが精一杯でした。1回でも多く稽古時間をつくることに努めて、4回目の挑戦で合格しました。

稽古に対する心構え三項目
だれとでも一本一本真剣勝負

一、健康管理、ケガの防止

審査を意識した7、8年前から、稽古時間を無理に取ろうとして、出張帰りとか、ゴルフの後に道場に直行したりして、健康管理が万全ではありませんでした。

そのうえ不整脈の持病があり、稽古後、呼吸が圧迫され30分ほど動けなくなったり、足の筋ちがいをおこしたりしました。それからは、十分に水分を補給したり、準備体操を従前以上にし、また予防としてサポーターを着装しました。これは当然のことですが、年齢のことも合わせて考える必要もあると反省しております。

二、一つの課題を決めて稽古に臨む

稽古を始める前、今日はこの技をやろうとか、この悪い癖を直そうとか、必ず一つの課題を決めて稽古に臨みました。ここ数年は、『剣道時代』に掲載されている先生方の攻めとか技の特集をよく読ませていただいています。また稽古においても多くの先生方に教えていただいておりますが、その中でこれは自分として会得してみようと思う技、攻め、構えとかがあれば、稽古で実践してみます。一つのことを自分なりに会得するのにだいたい最低半年はかかります（悪い癖を直すにはもっとかかります）。

三、どのような相手にも一本一本真剣に

私の敬愛する故柴田英一郎先輩が常々言っておられた「どのような相手でも丁寧に、一本一本稽古することが大切」という言葉を心に置いて稽古に臨んでいます。また私自身は初級者の方でも相手の剣道を、そして人格を尊重し、どの方からも稽古をいただいている気持ちを忘れないよう心がけています（我以外皆師）。

審査に向けて取り組んだ五項目とくに一人稽古が役立った

八段審査に向けて稽古で心がけたポイントは次の五つでした。

一、蹲踞、立ち上がりの時から気を充実させ、腹から大きな気合をかける
二、気攻めをし、相手の気が動かないまでは決して無理・無駄な打ちをしない
三、左足を引きつけ、両足を常に打ち込める体勢にする（居つかない）
四、「遠山を観るが如く」大きな目付で相手全体の動きを観る
五、捨て身で打ち切る

その五項目を実現するために、次の点に注意して実践しました。

一、前述しましたように、少ない稽古量を補うために、元・社長をつとめた会社には工場があるので木刀（700グラム）を持ち込み、時間があれば、部屋の中で鏡をみて構えのチェック、外では素振りをし、一番多く時間を過ごす会社で、木刀を持って一人稽古に努めました。

二、横浜市港北区の複数の道場での稽古では意識的に稽古の一番はじめに七段・八段を受審する方にお願いし、2分間の本番に即した立合稽古をよくしました（最初にすることでその日の稽古内容が良くなった場合が多くありました）。

三、井上茂明範士が連載された「松本敏夫範士の剣道秘訣」を再度熟読し、「振り上げ方」「左の足・腕・背中の筋肉の動き」等々多くの勉強をし直しました。

審査当日に集中した二項目
気を動かし、捨て身で打ち切る

今までの受審で、悪い癖を気にかけすぎたり、良いところを打とうという思いが強く、気持ちが上にあがったまま勝手に打ち込んだりしていました（先生、先輩方に注意され、また私自身もそのように思いました）。

落ちる度に悪い癖などをいろいろ指摘されてきました。そしていろいろ考え、見直しているなかで、一番反省したのは、自分は打たれたくない気持ちが強く、まだ当てにいってることが多いと気付きました。これを克服するには、もっとしっかり左手を真ん中に収め、正中線を外さず、打つなら打ってみろという気持ちで稽古するよう改善に努めました。

そして前述の五つのポイントを守りながら稽古をしているうちに、以前より気攻めができ、無理・無駄の打ちが少なくなってきました。審査に臨むにあたっては、五つの心構えを全部頭に入れて臨むことは難しいので、とくに二つのことに集中しました。

一つは気攻めをし、相手の気が動くまで攻め続けること。もう一つは、捨て身で打ち切ること。

これ以外は考えず、また、うまく見せようとしないで、気持ちをリラックスさせて、今まで稽古したことを全部出し切ることに専念しようと決めて臨みました。そして相手にとらわれず、比較的落ち着いた気持ちで立ち合えたのが良かったと思います。

以上、私の取り組んできたことを書きましたが、今まで教えていただいた先生方には心から感謝致します。また私の背中を押してくれた家族にも感謝するとともに、修行はこれからだと肝に銘じております。さらに稽古に精進を重ねていく所存です。

打突よりも技を出す過程を大切にした

042

重松公明（千葉県・警察官）

しげまつ・きみあき／昭和34年福岡県生まれ。糸島農業高から千葉県警察に奉職、剣道特練を経て術科指導者となる。平成21年5月、八段合格

平成21年5月京都で行なわれました昇段審査会で八段に合格させていただきました。平成18年11月東京で初めて受審して以来、6度目の審査で合格させていただきました。これまでご指導いただきました先生、職場の上司そして陰ながら励ましてくれた家族のおかげと深く感謝しているところです。

今回、「八段合格の秘密」という内容の執筆依頼をいただいたわけですが、剣道の技量、知識等未熟なことは重々承知ながら、これから受審される方々の参考となればと思い書かせていただきます。

上懸かりの稽古を求める素直に打突することを学んだ

初めて八段を受審し不合格になった後、ある先生に「七段と八段は一段の差じゃないですよ。四段ほどの開きがあるんですよ」と言われたことがありました。この一言は、いかに自分が八段審査というものを甘く考えていたかを思い知らされる言葉でした。

それからは、積極的に出稽古を行なうようにしました。出稽古を行なうことで、多くの先生方に指導をいただくことができました。県内で行なわれる月例稽古会、各種講習会への参加はもちろんですが、全剣連合同稽古会や東京都の受審講習会など県外へも時間を作って積極的に出かけるようにしました。また、平成19年奈良県で開催された全剣連主催の全国中堅剣士講習会を受講させていただいたことは貴重な経験でした。自分が元立ちで稽古していれば、相手の欠点はわかりますが、自分の欠点はわかりません。懸かることで、自分の未熟さを痛感し、先生の攻めの強さや全身からの気迫を身をもって教えていただくことができました。懸かる稽古で大切なことは、小細工をすることなく正面から素直に打突するということも学ばせていただきました。もし、懸かる稽古をしていなかったら「自己満足した剣道に終始していた」と思います。

また、出稽古での同年代の方との稽古も意義あるものでした。それは、審査でどういう剣風の方と当たるかわかりません。得意の剣風の方もおられれば、苦手の剣風の方とさまざまです。その意味では、出稽古は先生からの指導ばかりではなく、同年代の方との稽古も意義あるものと思いました。

先生に懸かることで有意義であったことは、稽古後に挨拶に行った際、いただいた批評の言葉です。その一言一言は、自分の剣道にたいへん役立ちました。技術的なことから精神的なことまで自分で気づかなかったことや辛口の評価など、その内容はさまざまでありました。私は帰宅すると、先生からいただいた批評の言葉をノートに書きとめました。先生の言葉を記憶するだけでは、いずれ忘れてしまうからです。そうすることにより、後々剣道に迷ったときなど読み返すことができました。このノートは、私の宝物です。今回の審査の際も、このノートを防具袋のなかに入れ、審査の前夜に目を通しました。

普段の稽古から審査を想定 仕太刀の気持ちで躊躇する

稽古の回数を増やすことも大切ですが、一本一本の稽古の内容を高めることが重要と思います。

その1は、出した技が一本であったか否かではなく、技を出すまでの過程を大切にするということです。お互いに稽古をしていると往々にして自分が出した技が一本になっていたかどうか「結果ばかり」を求めていました。何度か不合格をくり返すなか、ある受審者講習会に参加した際、講師の先生から「審査では、技を出すまでの過程を見ているんだよ」との内容の指導を受けました。今までは、「早く打ちたい」「有効打突を打ったから大丈夫だ」などと自分勝手に満足していました。それ以降、互格稽古で相手が攻めてきても「絶対に退がらない」「不用意に技を打さない」ことに注意しながら、手数を減らし「気迫で攻める」「攻めて相手を崩す」「攻められたら攻め返す」ことに注意し、気迫で相手を圧すること、相手以上に気迫を出すこと、そして我慢する剣道を心がけました。

その2は、礼から蹲踞に至る所作に注意したことです。八段審査の立合時間は約2分です。与えられた時間内で、自分の剣道を表現することはたいへんなことです。「始め」で立ち上がった後、気持ちを高めていたのでは時間はすぐに過ぎてしまいます。礼から蹲踞に至る所作のなかで、すでに気持ちが充実しているように心がけました。蹲踞でもう一つ心がけたことは、剣道形の仕太刀の気持ちで蹲踞するということです。剣道形の仕太刀は、弟子の位です。即ち、相手を打太刀に見立て、礼から抜刀、蹲踞までの所作において相手に従い、先に動作を起こさないように心がけました。それは「先をかけ、懸かる気持ち」を保つためでした。この動作は、いまも試合を行なう場合など心がけています。

その3は、基本稽古のくり返しです。高段者になると指導・互格稽古が中心となるのではないでしょうか。知らずしらずに身についた悪癖を取り除くことや旺盛な気力を養うためにも、「切り返し」「打ち込み」などの基本稽古は大切だと思います。審査に向け、先生方から「切り返し・打ち込み稽古を行なうように」との助言をいただいていました。幸いに地元で「修道会」という同好者の稽古会の会長をしていますので、稽古の前後に切り返しと打ち込み稽古を全体で行なうようにしました。その効果がどうかはわかりませんが、昨年1年間で、会員の中から四段から七段まで合格者が出ました。あらためて「切り返し」「打ち込み稽古」の重要性がわかりました。

一人稽古で取り組んだこと
ダッシュ、体幹、構え、呼吸法

「稽古は日常に在り」といわれています。仕事の関係などから毎日稽古することはできません。時間を工夫し、稽古不足を補うことが大切だと思います。

その1は、かけ足です。生活習慣が豊かになったことから、歩く機会が減ってきました。歩くことは、足腰を鍛錬することにつながります。剣道において足腰の強さは、蹲踞、打突の鋭さ、体さばきや相手の体当たりを受け止める際などに表われると思います。そこで、足腰を鍛錬するために、かけ足を行ないました。以前は時間がとれたので、10キロくらい走っていましたが、近頃は時間がとれず5キロくらいしか走ることができなくなりましたが、今も走っています。走ることは私の剣道の源といえます。走った後は、ダッシュを行ないました。ダッシュは心肺機能の強化にたいへん効果的でした。

その2は、腹筋と背筋の強化です。剣道は「腹から声を出せ」といわれます。相手に響くような発声も腹から出さなければなりません。また、適正な姿勢を保つためにも腹筋や背筋の強化は大切だと思います。私は寝る前に30分くらい行ないました。いちばん大切なことは、回数より継続することです。

これと併せて行なったのがストレッチです。加齢とともに、翌日に疲労感が残るのも事実です。疲労が溜まっていたのでは満足な稽古はできないし、ケガの原因にもなります。そこで、就寝前に20分程度ストレッチを実施しました。

その3は、構えの確認です。構えが大切なことはいうまでもありません。自分の構えを正すためには鏡で見るしかありません。目を開けたまま構えると修正しながら中段に構えてしまうので欠点がわかりませんでした。私が行なった方法は、鏡の前で目を閉じ、中段に構えるのです。そして、目を開けます。そうすると、剣先の高さや左手の位置など、自分の考えていた構えと違っていることがわかりました。この姿こそが相手に映る自分の姿だと思ったのです。私はこの方法をくり返し行ない、自分の構えをつくるようにしました。

その4は、腹式呼吸です。吸う息は「虚」、吐く息は「実」です。車で移動する際や就寝前に布団の上で仰臥《ぎょうが》の状態で「丹田呼吸法」を行ないました。鼻から短く息を吸って、丹田に溜めます。そして細かくゆっくり吐いてゆきます。審査の際も、面を着け自分の審査がくるまでの間、黙想し、ずっと呼吸法を実践していました。この方法は、試合などの際も実践しています。

重視した集中力の持続 二次審査まで一人で過ごす

私は審査の2日前、4月29日大阪で開催された第57回全日本都道府県対抗剣道優勝大会に大将として出場しました。「審査前に試合とは」などの声もありましたが、剣道に「審査の剣道」「試合の剣道」などがあるわけではなく、自分の剣道を貫くだけと思い、試合も審査にも臨みました。

私が審査当日注意したことは、いかにして気持ちを集中し持続させるかということでした。審査会場では、知人などと顔を合わせますが、極力無用な話はしないようにしました。私は第一審査場の最後の組で一次審査を受けました。審査後、すぐに結果発表、はじめての一次審査合格でした。発表後、ある先生から「承知かもしれませんが、二次審査まで無駄な話をせずに集中してください」とのお言葉をいただきました。おかげで二次審査が始まるまで、会場の観覧席最上段でただ一人気持ちを集中することができました。もし、この言葉がなければ、初めて一次審査に合格したことで浮かれ、無用な話をして集中しないまま二次審査に臨んだと思います。この先生の言葉が、私を八段に導いていただいたものと感謝しております。

以上、審査に向けて私が行ないました稽古法や取り組みなどを書かせていただきました。審査に「こうすれば合格する」などという法則はないと思います。稽古の積み重ねしかありません。これからは「八段合格は剣道修行の出発点」と肝に銘じ、初心にかえり八段の名に恥じぬよう、より一層精進・努力する所存であります。

切り返しを工夫
正しい姿勢で打突できるようになった

043

岩熊昌毅（福岡県・教員）

いわくま・まさたか／昭和31年福岡県生まれ。福岡高から福岡教育大を経て、福岡県高校教諭となる。全国教職員大会出場。平成21年5月、八段合格

初心に戻り
自分の剣道を見つめ直した

仕事の関係でなかなか受審できませんでしたが、今回の審査で4回目の挑戦でした。最初は七段を取

得して10年経ったので、軽い気持ちで受審しました。それが平成15年11月の日本武道館の審査でした。

前日に上京し、当日会場に向かったのですが、本当に驚きました。日本武道館内は剣道八段審査に対する熱気に溢れ、その受審者の多さと、のちに受審しようと思っている方々が、これまた熱心に立合を録画し、研究されており、その熱気に私自身驚いてしまいました。その時点で剣道では絶対に起こしてはならない「四戒」を起こしてしまいました。

同郷の方々と談笑し、少しは気持ちが落ち着きましたが、驚き、不安は短時間では取り除けませんでした。そしてついに自分の番がきましたが、完全に審査の雰囲気にのまれてしまって、一人目の立合では、なんと相手の剣道着に剣先が引っかかり、竹刀を落としてしまったのです。その後は言うまでもありません。自分自身の不甲斐なさを痛感した審査でした。

帰郷後、「自分自身を再度見つめ直すこと」を始めました。剣道だけでなく、日常生活についても見つめ直しました。昭和61年に母校に赴任し、直接後輩を指導できることが本当に嬉しかったのですが、その当時に比べて今の自分自身が慢心していたことに気づかされました。もう一度、赴任した当時の自分自身に戻り、朝早く登校し、掃除や湯茶の準備など行ない、初心に戻るよう心がけました。

たまたま次年度には学年主任を任され、学校全体を視野に大きく物事を考える機会を与えていただき、このことが自分自身を積極的に考えるきっかけとなりました。稽古目的、稽古内容を十分に生徒に理解させ、実践しないと上達はしないということを自分自身再認識させられたのもこの時期です。

自分自身の「理」を追求出ばなをとらえることだった

お恥ずかしい話ですが、毎日通勤時間が片道1時間半かかり、土日は練習試合、大会という生活を永年やってきたので「自分自身のための稽古」はまったくできませんでした。学校で生徒と稽古するくらいで、一般の方々や先生に懸かる稽古などの機会はほとんどありませんでした。ですから自分が今できる状況で工夫し、実践しなければいけないと思いました。

そこで、生徒たちに相手をしてもらい、取り組んだのが「切り返し」でした。以前から八段に合格された多くの方々が基本稽古の重要性を説いておられたし、自分自身の恩師であり、祖父でもあった故高木春夫先生や角正武範士より「切り返しの重要性」を何度となくご指導いただきました。今まで何気なくやっていた切り返しですが、真剣に始めるとなかなか自分の納得のいく「切り返し」ができませんでした。

角正武範士との稽古でとくに印象に残っているご指導は、左右面打ちの際にときどき竹刀で受けずにきちんと打突部を打たなければならない打ち方でした。簡単なようですが、これがなかなかきちんと打てず、数多く打つたびに力は抜け、気も萎えてしまいました。そこで感じたのが「基本の大切さ」でした。

それから学校での稽古で生徒を元立ちに立たせ、その切り返し稽古に自分なりの工夫を加え、何度も行ないました。その切り返しの稽古内容は次のとおりです。

一、左右面は寸止め
「寸止め」をすることによって、自分自身の打突姿勢を意識する。手首の返しを確認し、刃筋正しく寸止めする。
二、正面打ち
初太刀および途中の正面は一挙動で手の内の冴えを感じながら正確に打つ。

最初は右半身に力が入っているのがわかりましたが、数多く稽古することによって無駄な力が抜け、今回の審査前では「左半身」が意識できるようになっていました。何か体幹がしっかりして、正しい姿勢で打突できるようになったと思いました。

もう一つは「懸かり稽古」です。稽古終了時に生徒の懸かり稽古を受けますが、その際に相懸かり稽古とまではいきませんが、「出ばなをとらえる打突」を意識して稽古しました。自分自身が小柄であるため、自分から打って出てもなかなか相手に届きません。そこで自分なりに打てる機会はないものかと考え、たどり着いたのが「出ばな」でした。剣道ではよく先生方から「気で攻めて、理で打て」とご指導を受けますが、自分自身の「理」はこれだと思いました。それからは、自分からしっかり攻めて、相手が耐えきれずに出てこようとする、ほんの一瞬の機会をとらえ、打つことを心がけました。

失敗を恐れない
何事にもプラス志向で取り組む

日常生活の中で心がけたものは、ありきたりですが「歩くこと」でした。なかなか他の運動をする機会や時間がなく、長い通勤時間の中で何かできないものかと考え、駅から学校まで（約2キロ）を歩くことにしました。剣道では「上虚下実」といわれるように強靱な足腰が大切です。しかし、年々衰えてくる下半身の筋力を維持し、鍛錬できると思ったからです。

もう一つは自分の意識を変えたこと、それは「失敗を恐れないこと」でした。あるドキュメンタリー番組の中でとくに印象に残った言葉がありました。それは「人間は、行動した後悔より、行動しない後悔のほうがつらい」という言葉でした。自ら行動し失敗しても納得はしますが、自分から動こうともしないで失敗しても、後悔だけが残ってしまうということです。この言葉が自己啓発につながり、何事にも積極的に、プラス志向で失敗を恐れず努力しようと思えるようになりました。

今回の八段昇段にあたり、恩師をはじめ、稽古をつけていただいた多くの方々、教え子たち、それに一番近くで応援してくれた家族にはほんとうに感謝しています。昇段した翌日いまは亡き祖父、父の墓前に報告に行きました。その際に「まだまだお前の力はほんとうの実力じゃない。これからがほんとうの意味での修行の始まりたい」と祖父や父から言われたような気がしました。

自分の理想とする師匠である祖父に、少しでも近づけるよう、そして「人間味のある剣道人」になれるように修行を継続していきたいと思っています。これからも剣道を志す方々のよき指針となれるように、自分のモットーである「日々精進」の下、努力精進いたしますので、今後ともご指導ご鞭撻のほど、よろしくお願いいたします。

潜在能力を発揮するために取り組んだ6つのこと

044

中本敏明（山口県・警察官）

なかもと・としあき／昭和28年山口県生まれ。岩国工業高から山口県警察に奉職。平成21年5月、八段合格

55歳でどうにか八段を授かることができました。振り返れば、審査当日が走馬燈のように思い浮かんできます。私もこの本を読んでおられる皆さんと同じく仕事をして、余暇を利用して剣道を修業している者です。ですから、審査の日を頂点にして、計画的に稽古を積み重ねていくというほど稽古をする時間はありません。何度か仕事の関係で受審をあきらめることがありました。

昨年の4月に転勤となり、7年間の単身赴任生活からどうにか自宅通勤ができるようになりましたが、

慣れない勤務で体重が5キロ痩せたときの審査となりました。かえって痩せて体の動きがよくなり結果的にはよかったと思っています。

向上心が大切
継続することで効果が出る

では、私が審査に向け今までにやってきたことを羅列してみましょう。

一、メモ帳を持つ

何年も前から小さなメモ帳をいつも持っています。先生方から指導を受けたこと、ふと感じたこと、思いついたことをメモできるように持っているのです。メモですからなぐり書きでよいのです。自分にわかればよいのですから。ときどき開いては、あの時はあのように考えていたのかと振り返ったり、自分には合わないとやめてしまった先生からのご指導は、ただ自分が指導を受けるほどの位になっておらず理解できなかっただけなのかと、あらためて頭の下がることがあります。

二、資料を集める

剣道関係の本はもちろん、新聞・雑誌など、これはと思うものなら新聞であれば切り取り、本ならコピーしてファイルしておき、悩んでいるときや、疑問に思っているときに読んでいます。呼吸について、姿勢について、心の置き方について、トレーニング方法について、ストレッチ方法について、健康についてなど周りをみれば情報が溢れています。

三、意識して呼吸する

昔、ある先生に呼吸について質問したところ、「呼吸はしているよ」との回答でした。以前から呼吸について気にかけていたところ、『気の威力』(藤平光一著)を読んで、これはと思い丹田を鍛えるという大それたことではなく、酸素を効果的に体内に取り入れるという健康のため、意識して呼吸をすることにしています。通勤の往復時、机に向かっているときなど、じっとしているときに息をできるだけゆっくり吐き、そして吸うのです。

具体的には、口から約30秒間、静かに息を吐き出します。そして今度は鼻から約20秒間、静かに息を吸い込むのです。吸い終わったら5秒間ほど待ち、そしてまた静かに吐き出します。これを何度もくり返すのです。

剣道に直接役に立っているかわかりませんが、全身にくまなく酸素がゆきわたり、健康に効果があるそうです。

四、二直線歩行(ナンバ歩行)

数年前に『古武術の発見』(養老孟司・甲野善紀共著)を読んで、剣道に利用できないかと歩くときに練習しています。右手と左足を出し、肩を前後に振って歩く現代の歩行方法(一直線歩行)は、明治以降になってからの歩行方法だそうです。それ以前の江戸時代は、右手右足、左手左足を同時に出す足の運び方「ナンバ」歩きだったのです。

陸上競技のオリンピック選手もこの動きを取り入れて、最近注目されています。爆発的な破壊力を出す相撲の突っ張りも右手右足、左手左足です。剣道も右手右足が前に出た構えです。力を出すには理想の構えになるのでしょう。ナンバ歩きは、体をねじらないため、体に無理がなく、楽な歩き方だそうです。刀を腰に差した武士を想像しながら歩くのもおもしろいものです。一緒に散歩する愛犬「龍馬」もたびたび散歩に連れていってもらえるので喜んでいます。

右手の動きに注目
打ちにはしることがなくなった

五、稽古方法を工夫

①表裏を攻め、相手剣先を中心から外す

審査を受審する半年前、どうして攻めたらよいのか迷っていたとき、ふと先ほどの資料を読んで思い出したのが「三殺法」です。竹刀を殺し、技を殺し、気を殺すなど、そんな技量はありませんので、まず相手の竹刀を中心から外すことを考えました。相手の竹刀の表を攻め、そのままであれば面を打ち、押さえ返してくれば下から小手を打つ。相手の竹刀の裏を攻め、そのままであれば小手を打ち、押さえ返してくれば、下から回して面を打つ、いくつかのパターンを決めて稽古しました。一次審査のとき見事に相手がこのツボにはまってくれたのを覚えています。

②目付を見直す

これも審査を受審する半年前のことですが、山口刑務所道場で稽古をお願いしているとき「打ちにはしっている」と指導を受け、集めていた資料を読んでいると、目付についての資料を見つけました。目付は、相手の頭の天辺から相手の右足の爪先まで見とおすことであり、それができれば剣道が飛躍的に強くなり、剣道がおもしろくなると書いてありました。動作がいちばん初めに表面に出てくるのが右足の爪先であるという説明でありましたので試してみると、姿勢がのけぞってしまい、相手から先を取られっぱなしで失敗しました。そこで少し見やすいようにと、相手の顔を見ながら、相手の右手の動きを見る稽古をしました。稽古をしているうちに相手の右手が動くまで攻めて待つことができ、次第に打ちにはしることが少なくなってきたような気がします。打って勝つのでなく、構えて、攻めて、相手が動いたら打突する。そんな稽古ができるようになっていきました。

六、一夜秘伝から学ぶ

『北斗の人』（司馬遼太郎著）の最後のページが好きなのです。「剣の奥義は、ついには相打ちである。春斎（お坊主）は、生きのびるつもりがなかったために、剣士が生涯かかって到達しうる心境に、一瞬で到達した」

千葉周作の物語で有名な一夜秘伝です。剣道をしておられる方なら内容はご存じでしょうから、内容は省きますが、刀を振ったことのないお坊主が一瞬にして達人の境地に達することができるのですから、不思議です。所詮物語と言われればそれまでですが、人間の潜在能力はそのようなものではないでしょうか。私はいつも思うのです。六段の方は七段の、七段の方は八段の実力はもっておられる。ただ、その実力を出すか出さないかです。そう思えば、よし審査を受審してみようという気持ちになるでしょう。一次審査で2人の4分間、二次審査で2人の4分間の間だけ達人になればよいのです。

＊

弓道教士をめざす妻が「弓道は立禅です。我慢して、我慢して、そして我慢して射る」「射品射格」とよく口にします。剣道も一緒だと思います。我慢して、我慢して、そして我慢して打突する。道と名の付くのは皆同じなのかと感じるときがあります。道なのですから必ず到達するのです。一瞬だけでいい、潜在能力を発揮してみましょう。私のこの文章が受審される皆さんの勇気と希望を与えることができたら幸せです。

2分を組み立てる 2分間集中力を切らさない

045

田頭啓史（神奈川県・会社員）

たがしら・ひろし／昭和29年大阪府生まれ。甲南大卒業。大阪市中学校教員を経て、一般企業に入る。平成21年5月、八段合格

八段合格に向けての心構え つねに「合格」をイメージする

まず大切なのは諦めないことです。ご存知のように、八段は合格率が1％前後とさまざまな試験の中

でも最難関の試験です。多少のことで挫けるようでは合格はあり得ません。なかには何回か不合格を経験するともっと自信がついてから受審しようとか、もう自分には無理なのだと思い込む方が多いと思いますが、20回、30回受審し、ご高齢になられてから合格される方もいらっしゃいます。確かにただ漫然と受験するのはいかがなものかと思いますが、成功イメージをもって挑戦し続ける先にこそ、『合格』の二文字を得ることができるのです。

心が折れそうになることが多いと思いますが、自分は、いつかは合格できるはずだと思い込んで、努力し続けることが大切です。

素直に教えを聞く
剣道は美しさも大切である

小生も偉そうなことは言えませんが、毎回課題をもって稽古に臨むようにしました。ともすれば漫然と毎回稽古をこなしがちですが、自分の構え、姿勢、打突のタイミングなどなど、自分より上位の先生に稽古をお願いしたときに教えていただいたことを自分が日々の稽古の中で本当に実践できたのか、いつもの癖が出ていないかをしっかり点検し、稽古の度に少しでも上達できるようにすることです。しかしながら日によっては、自分でも全然ダメだったり、また逆に非常に良かったりすることがあります、稽古は生き物です。相手があり自分の調子もあります。ただこれらに左右されることがだんだん少なくなって、安定して満足のいく打突がきれいな姿勢で出せるようになってきたと自分も周りの人も感じるようになればしめたものです。

それと剣道も芸術です。見ていてある種の美しさを打った打たれたではないところで出せるようにしなくては、昇段審査の審査員の目に〝合格〟の文字は出てこないのではないでしょうか。皆さんも二次審査で合格された方の立合をご覧になって、なるほどと思われたことがあると思います。そこでめざす先生を自分なりに選んで、なぜその先生の稽古が美しく思えるのかを分析してみると、見えてくるものがあるはずです。そして、その先生に少しでも近づけるように、自分の現状と比較し常に研究すると、意外と上達は早いかもしれません。

小生も神奈川県剣道連盟の合同稽古会やさまざまな稽古会に出向き、いろいろな先生方の稽古を拝見させていただき、また掛からせていただき、ずいぶん参考になりました。それと素直な心で受け入れることです、確かに七段教士になると、自分なりの持論があり先生方からの教えは心の中で否定してしまうことがあります。

しかしもう一度その先生がなぜそのようにおっしゃるかを考えて理解すれば、表現の違いこそあれ、その奥底にある真意が見えてきます。教えていただけるのは有難いことです。稽古は『打って反省、打たれて感謝』といいますが、まさにそれを素直に受け入れ、精進することが大切と思います。

稽古時間がない
稽古不足を通勤、仕事でカバー

小生は普通のサラリーマンです。したがいまして稽古時間には制約があり、本当に満足いくまで毎日稽古できることはまずありませんでした。しかし稽古も仕事も探せば共通点があり、日々の職務の中で実践できます。たとえば、仕事の中での競合他社との競争、上司や部下あるいは顧客との心の駆け引きなど、自分の心を鍛えるには充分な環境があることに気付きます。

また、稽古では簡単に打突を出し、打たれて失敗してもすぐに構えてまたやり直しができますが、仕事では失敗は許されません。慎重に考え、攻め、相手の出方を見極め、その時の最善策をもって臨むことが求められます。まさに懸待の一致がビジネスの成功に直結します。こういった心を錬ることが稽古にも活きてくれば打突の機会も以前とは異なってきます。

それに通勤電車での吊り革の握り方を左手で竹刀を持つように握ってみるとか、足の立幅や左右のバランスを研究してみるとか等々、結構いい修行になります。一時間も電車に揺られてこれらを実践すると汗をかくほどです。

稽古ができない言い訳は探せばいくらでもありますが、限られた時間で実践し、日常生活でも探してイメージトレーニングをすればいくらかは克服できると思います。

一撃にかける
その積み重ねが本番で生きる

ご存知のように審査は試合ではなく、稽古でもありません。たった2分の限られた立ち合い時間内で自己表現をし、審査員に評価されなければなりません。一次審査、二次審査を通じても全部で合計8分です。この8分に向けて最高に集中力を高めて臨むよう努力することです。また、だからといって硬くなっては駄目ですし、逆に入れ込みすぎても駄目です。充実した気合と癖のないきれいな構え、懸待の一致から理合にかなった技を出す。これらを考えるとそんなに何本も打てるはずがありません。

その一撃にかけることをしっかり日ごろの稽古で実践し、2分の組み立て方を考えることが必要です。

この2分間は開始の蹲踞から終わりの礼までまったく気を抜くことができません。昇段審査前には2分間の集中力を高める稽古をしっかり行ない、打ち損じのないよう心がけることが大切と思います。

045　田頭啓史

打つ機会を重要視
真の一本を追い求めた

046

田中久夫（静岡県・警察官）

たなか・ひさお／昭和35年兵庫県生まれ。東洋大姫路高から国士舘大を経て、静岡県警察に奉職し、現在に至る。平成21年5月、八段合格

昨年5月の審査会において、幸いにも八段に合格させていただくことができました。これもひとえに日頃よりご指導いただきました諸先生方をはじめ、剣友皆さまのおかげであると感謝申し上げます。

私は30代まで剣道特別訓練選手として各種大会に出場してまいりました。これといった大会成績を残すことはできませんでしたが、試合に勝つことばかり考えるあまり、手数とスピードばかりを求めていた感がありました。40歳を過ぎたあたりから、八段審査に向けて自分の気持ちを高めていくため、でき

る限り審査会場に足を運び、会場の何ともいいようのない雰囲気の中での先生方の審査を拝見させていただくようにしました。そして、その緊張感を意識して日ごろの稽古に取り組むことを心がけました。

本県は、平成18年から7人の八段合格者を出し全国的にも注目されております。その先生方との稽古会は私にとって力になりました。

九歩の間合で合気を意識 充分な気構えで先を取る

一つは、静岡県剣道連盟の朝稽古です。年間を通して月曜日から土曜日までの朝6時から7時まで行なわれています。井上義彦範士、石川暉教士を中心に大勢の高段者の先生方がそれぞれ個々の目標を持って参加されています。

この朝稽古では、技術的な指導はもちろんのこと、精神的な指導を受けました。八段審査に対しても、資格ができる前から「中途半端な気持ちで受けて合格するものではない。本気になって稽古しなければだめだ」と、ことあるごとに指導いただきました。そして、有効打突の条件である「充実した気勢、適正な姿勢を持って竹刀の打突部で刃筋正しく相手の打突部位を打突し、残心あるものとする」に加え「打つべき機会に打つべくして打つ（相手の出頭、受け止めたところ、居ついたところ）」という「真の一本」を求めて稽古に取り組みました。

もう一つは、静岡県三島市で本県剣道連盟飯塚才司会長が主宰する八段の先生方の稽古会「一志会」です。この稽古会は月1回行なわれ、県内外から八段受審者も多く参加し指導いただいています。

この稽古会では、受審者による2分間のまわり稽古を実施した後、4人1組による審査本番と同じ形式を行ないます。終了後には八段の先生方から個々に評価いただき、その欠点を指導稽古により補う形式のものです。2分間の審査形式は、緊張感のある中で行なわれ、本番さながらの経験をすることができました。

審査を意識しだしてから、常に「九歩の立ち間合からの礼と蹲踞を大切に」を心がけるようにしました。稽古は蹲踞から始まるのではなく、九歩の立ち間合に位置したときから相手と合気になり、一回一回の蹲踞を丁寧に行なうことにより稽古内容が充実すると考えたからです。稽古に入ってからは、とくに心がけたことが三点あります。

一、初太刀を大切に必ず一本取る（どんな相手に対しても）

そのためには、相手と合気になり立合から触刃の間を大切にしながら、十分な気構えで先を取って打つ。

二、初太刀の気持ちをくり返し継続する

相手に対し、初太刀打突後には、初太刀の気持ちに戻り、触刃の間を大事にしながら先を取ることにより、常に気を張った状態を保つ。

三、打ち切った打突とその後の勢いを意識する

体全体を使って中心から攻め込み、すべてを捨て切り大きく打突することはもちろんのことですが、打突後の勢いを大事にするため左足の引きつけと左腰の押し出しを意識し、相手より抜け切ることを意識する。

一つひとつを理解し体得するにはとにかく稽古するしかありませんでしたが、二箇所の稽古会と多く

の先生方のご指導に恵まれ稽古を続けることができました。

日々意識した八段審査
防具着装イメージでウォーキング

審査に向けて道場に行って稽古をすることは当然のことながら、普段の生活の中での何事も剣道に役立つことを意識するよう心がけました。

一、休日にはジョギングやウォーキングによる有酸素運動を実施しながら、左足の蹴り足・引きつけ・左腰の押し出しを確認しました。とくにウォーキング時には、前傾姿勢を矯正するために背筋を伸ばし、首を後ろに引き、防具を装着したイメージをもって取り組みました。

二、勤務先では足腰の鍛錬のため、6階にある仕事場まで階段を使用し、他にもできる限りエレベーターやエスカレーターの使用を避けるようにしました。

三、剣道の先生方のお話を記録することは当たり前ですが、報道関係や雑誌などに各界の一流といわれる選手の体験談や語録を記録することも、たいへん役立ち参考になることがありました。

四、先生方に教えていただいた長呼気丹田呼吸法を取り入れることもしました。鼻から酸素を吸い口から細長く吐くことにより、肩の力が抜け臍下に力を蓄えられるという呼吸法です。普段からこの呼吸法を意識して実施するようにしました。

つねに審査のことを頭において、自分なりにいろいろなことを試しながら行動してきました。

＊

幼い頃から剣道を始め、現在に至っているわけですが、その時代ごとに良き指導者に出会い剣道の楽しさ、厳しさを教えていただきました。

現在は、静岡県警にお世話になり、羽賀忠利、井上義彦両範士や滝川貞司、石川暉両教士の指導を受け、剣道の奥深さを勉強させていただいております。ここまで剣道を続けることができたのも親身になって指導してくださった先生方がおられたからこそはもちろんのこと、数多くの剣友と稽古や意見交換があったればこそと深く感謝しております。

これまで受審したなかで一次審査に通過しながらも合格できず、悩み苦しむこともありました。そんな自分を奮起させてくれた一つに前年の父の死がありました。生きている間に合格報告ができなかったことは、とても残念でしたが、いつも静かに応援し続けてくれた父が力をくれたと信じています。そして、常に剣道を続けられる環境を作ってくれている職場や家族の理解がなければ合格することはなかったと感謝しています。

八段合格は自分だけの力ではないことを忘れることなく、お世話になった皆様に剣道を通して恩返ししていけるよう日々努力精進していきたいと思っております。

日本剣道形で事理一致を目標とした

047

佐藤忠彦（佐賀県・警察職員）

さとう・ただひこ／昭和32年佐賀県生まれ。伊万里農林高から国士舘大を経て、佐賀県警察に奉職し、現在に至る。平成21年5月、八段合格

まずは身体づくりから体力の維持向上に努めた

健康と体力の維持向上は、剣道を修行していくうえで大切なことです。健康であるからこそ何事にも

取り組むことができるし、過去に身体の故障などがあってもそれを克服するための身体づくりをして、体力の維持向上に心がけることが充実したパフォーマンスを可能にします。

私は、トレーニング施設のある体育館などに行くこともありますが、日常生活の中での身体づくりの補助運動として、職場などのエレベーターはできる限り使用せず階段を昇降するなど、その運動で働く筋肉の運動性を意識しながら補助運動を行なうように心がけています。このようなことは皆さん誰しもがやっていらっしゃることでしょうが、基礎体力を維持向上するためには、短時間の運動であっても目的をしっかりとらえて継続して行なうことが身体づくりの基本であり、剣道を学ぶための身体づくりと考えています。

基本をいかに実戦に生かすか呼吸を意識して打ち切る

地方で生活している私は、高段位の先生方に稽古をお願いできる機会は限られています。講習会や稽古会などで先生方に稽古をお願いできる機会には、できる限り稽古をお願いして稽古の評価をいただくようにしています。

先生方に稽古をお願いすると、自分では攻めて技を出していたつもりでも出頭を打たれたり応じ技で返されることが幾度となくありました。私は、触刃から一足一刀の間合までの攻防の中で、どうして打たれ・返されるのかがわからず、いろいろと自分なりに考えたり、先生方の稽古を拝見させていただきましたが、その過程の中で今までの私の剣道は一人相撲であったのではないかと考えました。

そしてその原因が打ちたい・打とうという利己的な感覚で距離の間合を詰めて勢いだけで打って出ていたのではないか。あるいは、自分だけ攻めている感覚で対峙するなど相手との心の間合が掴めていなかったのではないか。また、今まで自分が取り組んできた基本稽古と地稽古時の技が一致していなかった（基本技の稽古が基本技だけの稽古に終わっていた）のではないかと考えました。

では、それを解消するためにはどうすればいいかを考え、もう一度基本に戻って稽古に取り組むこととしました。

まず私は、日ごろの稽古で可能な限り基本打突の稽古と打ち込みを行なうよう心がけました。稽古内容によって異なりますが、切り返しは竹刀の運用と足の運用、とくに呼吸を意識して行ないました。大きく声を出して左右面９本を２回行なうという基本的な切り返しですが、呼吸を意識して打ち切って行なうことは今でも非常に大変だと思っています。

また、基本打突の稽古では、一本一本の技を打ち切る・抜けるといわれるように勢いと冴えのある一拍子の打突を意識しました。そのためには、体さばき・足の運用（とくに左足の引きつけ）や重心の位置・竹刀の握り（手の内）などを、鏡を見て確認したり、素振りをする際には注意して自分が目標としている打突に近づけるよう心がけました。

私は合格前に一度、二次審査に挑戦させていただいたことがあります。結果的には不合格でしたが、その折に恩師に何点かご指導をいただきました。なかでも「日本剣道形の稽古で呼吸を錬ること」「厳しく攻め切ること」「機会をとらえて打ち切ること」は、その後の稽古で意識をして取り組みました。

とくに日本剣道形の稽古は、一本一本をひと呼吸でできるように修錬することや太刀は打太刀の「機を見て」・小太刀は仕太刀の「入り身になろうとするところ」など、非常に難しい理合を学ぶことは

「事理一致」の剣道を目標に修錬することの大切さを感じます。

日本剣道形の稽古は、私自身がまだまだ未熟であるため稽古を積めば積むほど奥が深く、その時その時の心の状態で無駄な力が入ったり呼吸がもたずに集中力が途切れてしまう場合がありますが、今後もできるかぎり形の稽古を取り入れて精進したいと考えています。

『葉隠』から学んだ一瞬一瞬の業の大切さ

我が郷土の佐賀県には、「武士道というは死ぬことと見付けたり」というフレーズで有名な、武士道思想の古典『葉隠』があります。

その著書の聞書第二に「端的只今の一念より他はこれなく候。一念一念と重ねて一生なり。此処に覚え附き候へば外に忙しき事もなく、求むる事もなし……」という教訓の記述があります。これは、「まさに現在の一瞬に徹する以外に他はない。一瞬一瞬と積み重ねて一生となるのだ。ここに考えが及べば、ほかにあれこれとうろたえることもなければ、探し回ることもない。この一瞬を大切にして暮らすまでのことだ（中略）この一瞬にすべてがあることということを十分に心得たならば、物事は簡単に運ぶものだ。この一瞬に忠節の心が備わっているものである」という内容です。

『葉隠』は、忠節に基づく「死の覚悟」を前提にした武士の日常の心構えを記した覚書ですが、現在の「ここ、今」の一瞬一瞬を精一杯に生きるのが一番良い生き方であり、一瞬一瞬、一念一念を精一杯、全力投球で生きることが、生き方の極意であると説いています。

この教えは、私の剣道の修錬に対する心のあり方に大きな影響を与えてくれました。

剣道の修錬で、勝負は一瞬の業・修錬は一生の業といわれますが、稽古の中で私自身が目標としている技を一瞬の技として表現するためには、充実した気で相手と対峙し、その攻防の中で機会を捉えて打ち切ること、常日頃の一回一回（一念一念）の稽古を自ら求めて継続的に取り組むとともに、先生方にご指導いただいた点や稽古の反省点や気づいた点を書き残すように心がけました。

剣道の技術や心理（真理）を教示している著書は、宮本武蔵著の『五輪書』や沢庵禅師著の『不動智神妙録』、柳生宗矩著の『兵法家伝書』など他にも多くの良書があります。

正直なところ、事と理の一致するところの難易度や心の問題は、浅学な私にとって学べば学ぶほど稽古を積めば積むほど課題ができてしまい、稽古の中で悩まされるのが現実ですが、先達の教えに〝百錬自得〟という言葉がありますように、私は一貫性のある稽古と正しい方向性の修錬に今後も取り組んで精進していきたいと考えています。

犯人検挙と打突の機会は同じ目玉が少し大きくなる

048

岩尾征夫（神奈川県・道場主）

いわお・ゆくお／昭和14年大分県生まれ。日出高から拓殖大を経て、神奈川県警察に奉職。現在、征道館岩尾道場館長。平成21年11月、八段合格

私は八段を受審してから20年間、33回目の合格、70歳ということもあり大変うれしく思っております。

審査で心がけた10項目
とくに初太刀の出頭面に集中

審査に臨むにあたっては、次の10項目を心がけました。

一、洗面所で顔を洗い自分の気持ちを奮いたたせ、やる気を出しました。

二、手拭いは水にぬらして、そのままの状態で頭を冷やします。

三、胴紐、面紐がほどけないように、ぬれ手拭いでしめらせます。

四、会場へ入って約3分くらい正座をして、黙想します。

五、立合の相手が面をつけ始めたら、つけるようにしている。面をつけ終わったら立合の相手の着装を確認すると、その場で第一印象がわかります。同時に自分は合格できると、信念を強く持ちます。

六、いよいよ次が自分の立合、椅子から立ち上がり順番を待っているとき、前で立合をしている先生を見て今日は合格できると、ここでも自分を安心させます。

七、私は身長が低いので不利な面があります。それにかわる相手の先生の気持ちを動かすものとして、蹲踞の姿勢になるまで能楽役者が歩行する歩き方、つまり踵を上げず、すり足で進みます。

八、蹲踞は日本剣道形の仕太刀と同じように、相手より後から少し半身の姿でゆっくりと煙が立ち昇るが如く立ち上がり、相手を牽制しました。

九、すぐに気合は出さず、相手の発声を確認します。その間、立ったままの状態で剣先での戦いをします。相手が発声すれば、その声を打ち消すような裂帛《れっぱく》の気合で相手の気持ちを封じ込め、有利な立場で初太刀を打つ体勢を整えます。

十、構え、身構え、風格ともに自分で確たるものができたという状態をつくる。その状態で初太刀の出頭面が有効打突になれば、合格できると自分自身に言い聞かせて集中して、相手の出る瞬間を待ちました。

今回は、打てるチャンスはありましたが、慌てず冷静に待ちつづけ、初太刀を決めることができました。ここで無駄打ちは禁物、冷静に冷静に、気持ちを落ち着かせました。相手の焦りが見抜け、さらに有効打突も決まり、ひょっとすると合格するかも知れないという感じになって二次審査2人目まで終わりました。

今まで我慢できず、先に仕掛け、相手から先に打たれたり、相打ちで失敗しましたが、今回は冷静な判断ができ、平常心で初太刀の面が打てました。

この経験は道場生の小学生、中学生の稽古にも取り入れて、打突は強く、残心は正しくゆっくりと、とくに中学生以上になると、スピード、勢いがあるので、これに負けずに練習を心がけました。大人同士の稽古では、出頭面以外はあまり打たず、出る瞬間のみを研究しました。

日常の稽古で心がけた3項目
つねに八段合格をイメージ

八段の先生がビデオを出しておられます。ビデオで、自分ができるすべての事柄を研究し、これに基づいて日常の稽古では次の3項目を心がけました。

一、剣道は足腰が丈夫でなければ、有効打突が無理なので、身体を鍛える意味で、稽古日以外は、必ずウォーキング約1時間30分くらい早足で歩き、途中面打ちを１００メートルくらいそのままの状態で、何回もくり返して実施しました。

二、道場での一人稽古は、八段に合格できるイメージで、すべて想定しながら素振り、打ち込みは防具を着装して、切り返しは30本連続３回90本、面打ち10本、小手・面10本、一呼吸の切り返し５回、最後に３００本の跳躍素振り。40分くらいかかりますが、毎日くりかえし練習をしました。

構えも八段合格のイメージを常に頭におき、道場の鏡を使って左拳を腹部付近に置き、上下に動かさず、固定し右拳で操作するようにしました。同時に風格、品格、姿勢、態度も防具をつけたままで、鏡の前でチェックしてきました。

三、道場生との稽古も、常に八段審査に合格できる条件を想定しながら、礼儀作法から始まり初一本の面が打てる瞬間を研究し、自分自身いつでもどこでもできるよう体で覚えこませました。身長が低い不利な面を出さないため、打ち込み台は１７５センチ以上に設定して、身長の高い人のイメージで面打ちの稽古を続けました。手の内をつくるために、重い貝型の木刀で、素振りを１００本くらい行ないました。

仕事で心がけた４項目
剣道に生きた仕事の工夫

私は警察の仕事を37年間続けて定年退職。そのうち刑事の仕事で、県警本部捜査第三課すり係を担当すること23年間勤務、すりの犯人検挙数約２０００名を超える、逮捕者日本一のすり係刑事と今でも自負しております。すり係の刑事と剣道は相通じるところがあり、そのつながりを紹介します。

一、時機です。すりの動作は常に機敏な動きをするので、時機を失うと逮捕できません。剣道も打突の時機を失うと有効打突になりません。まったく犯人を捕り押さえる瞬間と同じです。

二、目の動きです。犯人を発見するには、電車の中、競輪競馬場などのギャンブル場やデパート、常に人の集まる場所での仕事で何万人の人ごみの中から一人の犯人を見つける眼力が要求されますが、それは犯人の目玉が少し大きくなることでした。剣道でも目の動きは大切で、相手が打突するときは目玉が少し大きくなる感じで、経験からそのときが打突する時機であると思います。

三、集中力と忍耐力です。犯人を追尾、張り込みする際、集中力と忍耐力は欠かせません。剣道でも打突の機会を待つのに役立ちました。

四、工夫と研究です。すり犯人を追って23年間、当然顔を覚えられ、私の顔を見れば、当然仕事はできませんので、すり犯人は「おやじさん、今日は帰る」と言って立ち去る。そこで犯人を捕まえる工夫をします。そのためには犯人に顔がわからないように、かつらをかぶったり、女装に変装したりして工夫をしながら検挙するのです。剣道は小手、面、胴、突きのくり返しですが、ただ打つだけでは立派な有効打突になりません。相手のタイプがそれぞれ審査のたびに変化するので、構え、体さばき、気合の入れ方など相手の状況に応じた戦い方が求められるからです。このように仕事の経験が剣道に生きており、まさに仕事と剣道は私にとっては一鳥二石でした。

＊

終わりに、これまで述べてきたことをいくつか補足してまとめとさせていただきます。

八段合格するには先生方の指導は素直に聞き、忘れずに頭の中に入れ、実践することが大切です。私は身長が１６０センチ。身長の高い人より一目で相当の技量がなければ不利であることを考えておりました。竹刀は三九を使ったことがありません。身長から考えると不自然に見えるので、三八の竹刀を使い、柄は短くしました。

品格・風格は背筋を気にして、少し後ろへ反るくらいの気持ちで稽古をしてきました。間合は自分の打ち間に入ると同時に打突し、いつまでも近間でいないようにしました。

残心については、少しオーバー気味にとり、相手を断念させることで次の技に大きな効果があります。相手に焦りを生じさせ、決定的な有効打突を狙えます。

有効打突については、一番むずかしい問題ですが、初太刀を取るには相手の焦りを待ち、打ってくるときはだんだん声が大きくなる兆候があり、その瞬間をとらえます。あとは落ち着きを保って相手の気合に負けないように無駄打ちはひかえ、打てば有効打突になると思ったら打ち切るようにしました。

心の備えが重要
緊張感と集中力を大切にした

049

赤木　茂（岡山県・教員）

あかぎ・しげる／昭和36年岡山県生まれ。岡山操山高から島根大を経て、岡山県中学校教員となる。平成21年5月、八段合格

私が初めて八段を受審したのは平成20年11月でした。何もわからない状態での受審で緊張するだろうと思っていましたが、立合の前に観客席を見て「あの人が来ているな」とか、場内の時計を見て「いま10時か」など、意外にも自分が冷静だったことを覚えています。立合の内容も思い出すことができます。

しかし、合格した2回目の審査（平成21年5月）のことは、立合の内容も含めて断片的にしか覚えていません。一見、初回のほうが緊張せず、よい精神状態のように思われますが、いま思い返すと、初回

は立合そのものに集中できておらず、無理に冷静さを装ったり、特別なことをやろうとして、自分自身のほんとうの姿ではなかったように感じます。「平常心」「無心」などとよくいわれますが、八段審査を通して、あらためて心の備えの重要性を実感することができました。

たいした実績もなく、皆様にお伝えできるような稽古を取り組んできたわけではありませんが、私なりに意識して取り組んだことを紹介させていただきます。

基本を丁寧に見直す
第三者の目付を意識する

私にとって八段をめざす上で大いに役立ったのは、専任指導員として岡山武道館に勤務（平成11年から3年間）できたことです。

それまでも中学校の部活動などで剣道の指導をしていましたが、武道館で小学1年生から一般の方に指導する機会をいただき、もう一度勉強するために当時の『幼少年剣道指導要領』を最初のページから読みました。礼法や着装、基本的な打突や稽古方法について、当たり前のことをあらためて確認できたとともに、細かなところで誤った解釈をしていた部分があることに気づくことができました。剣道を正しく伝えるため、また自分自身がそれを実践するために、基本を丁寧に見直すことは非常に参考になりました。

次に、「あの先生は武道館の先生だから」と、すべての場面でいろいろな立場の方から見られているという意識をもって剣道に取り組みました。観見の目付だけでなく、第三者の目付も意識できたことが、無理な攻めや無駄な打突を少しでも省略しようとする意識につながりました。

稽古をビデオに撮って研究される方も多いと思いますが、私の場合は、稽古中のそのときの緊張感や集中力を大切にすることが効果的だったと考えます。またこの意識は、稽古のときだけでなく、日常の立ち居振る舞いにも必要で、高段位に求められる品位と風格を身につけるためにも不可欠なことだと考えます。

意味のない発声はしない溜めができ、居つかなくなった

八段審査が近くなって取り組んだことは、打突時の発声の見直しです。審査において「打ち切る打突」が重要なことは当然で、そのことを意識して稽古に取り組みますが、居ついたり、躊躇したりとなかなか思いどおりにいきません。審査の数年前、剣友から「今は打突時の発声でよけいなことを言わないように意識して稽古している」と聞きました。自分の剣道を思い起こしてみると、思い切った技が決まったときには「メン」としか発声していませんが、中途半端な捨て切れていない打突のときには「メン」の前後に、よけいな意味のない言葉を、無意識のうちに発していることに気づきました。

その日以降、打突時には「メン」「コテ」「ドウ」だけをはっきりと発声して打突することを心がけました。その意識によって、打突前に自然に溜めが生まれ、居つきが少なくなり、なおかつ打突時の手の内にも冴えができたため、打ち切った見栄えのする打突が少しずつできるようになったと感じています。

忙しさを言い訳にしない自分に合った心の調整法を意識

八段を受審する時期は、勤務や社会的な立場において非常に忙しい年代で、剣道に時間をかけて取り組むことのできる人はほとんどいないと思います。私自身、現在岡山市内の公立中学校に勤務しており、昨年までの5年間は生徒指導主事を務めていました。教員は稽古の環境に恵まれていると思われがちですが、「今日は稽古に行く日」と心に決めていても、いったん生徒指導上の問題が起こると、稽古に行けなくなることもしばしばでした。

毎日の忙しさに稽古が疎かになる日々が続くと、以前ある先輩から言われた「時間は自分でつくるもの」という言葉を思い出し、「自分の工夫が足りないのだ」と自分に言い聞かせ、仕事のことを稽古ができない言い訳にしないように心がけました。そうすることで、一つひとつの稽古をより大切に取り組もうとする意識ができたと感じています。

合格した審査の際も、年度始めの校務が繁雑な時期であり、また審査前日に行なわれた運動会の準備・運営のため、4月には数回しか稽古ができませんでした。しかし審査が近づいても「いつもと何ら変わらない状況だ」と思うことができ、気が焦るなどの不安な気持ちはまったく起こらず、「今できることを審査員の先生方に見ていただき、恥ずかしくない立合をしよう」という気持ちだけで審査に臨むことができました。

剣道のことだけでなく、日常の生活（仕事や家庭のこと）で気にかかることがあると、些細なことでも審査や試合には必ず影響すると思います。十分に稽古を積み、充実した気力・体力をもって本番の日を迎えることができれば、それに越したことはありませんが、精神が安定した状態で本番を迎えられるように、各自に合った「心の調整方法」を工夫することも必要だと考えます。私の場合は「言い訳をしない」ことが、結果的には安定した精神状態を作ることにつながったと思います。

＊

以上、私なりに八段審査に向けて取り組んだことを書かせていただきましたが、それを実践するためには、基礎・基本を疎かにしてはできません。このことについて私が恵まれていたのは、幼少時に山根薫先生から剣道を正しく教えていただいたことです。継ぎ足をせず一足で打突すること、得意技を身につけることなど、小学生の頃から徹底して教えていただいたことが、私の礎となっています。現在も週1回、岡山薫風道場でご指導をお願いし、時にハッとするアドバイスをいただくことがあります。ほんとうにありがたく思っております。

また、石原忠美先生をはじめ、今までご指導いただいた先生方、剣を交えることのできた先輩、剣友、後輩との出会いがなければ今の私はありません。感謝の気持ちでいっぱいです。誌面をお借りしてお礼を申し上げます。

今後も、周囲の方々と良好な人間関係を築くとともに、「赤木とはまた剣を交えてみたい」と思ってもらえるような「活人剣」をめざして修錬していきたいと思っております。

目標は基本の完全修得　左足ひかがみ、湧泉を意識

050 遠藤寛弘（愛媛県・警察官）

えんどう・のりひろ／昭和31年愛媛県生まれ。新田高から中央大を経て、愛媛県警察に奉職し、現在に至る。平成21年5月、八段合格

私は以前から上段を執っていましたので、本格的に中段で稽古を始めたのは40歳のときからです。中段で稽古を始めたきっかけというのは、私が40歳のときに入校した警察大学の術科養成科にあります。術科養成科で同期の先生方の立派な中段を拝見し、私も指導者をめざすなら、この先生方のような中段が執れるようにならないとだめだと思ったことがきっかけでした。

術科養成科を卒業した次の年から警察署勤務となり、稽古も週に数回しかできない状況で中段の稽古

に取り組みましたが、なかなか自分の思うようにはなりませんでした。いちばん苦労したのは左足のひかがみの使い方です。八段審査前になり稽古量を増やしていくと、すぐにアキレス腱痛やふくらはぎの肉離れを起こし、受審すらできなくなることもありました。

そこでこのままでは駄目だと思い、しっかりとした左足を作るために「基本の完全修得」ということを目標設定しました。左足のひかがみ、湧泉、そして左手の使い方を強く意識して取り組むうちに不思議と、今まで起こっていたケガもなくなり、基本というものがどれだけ重要なのか身にしみてわかりました。

基本完全修得のために心がけた三項目の詳細

「基本の完全修得」のため行なった稽古は次のとおりです。

一、素振り

①足さばき

ア　左足のひかがみの張り具合はどうかを確認しながら実施

イ　湧泉でしっかり蹴ることを意識しながら実施

ウ　左足が撞木足になってないかを確認しながら実施

②左手の収まり具合

ア　左手が上から握られているかどうかを確認しながら実施

イ　左手首が上下に利いているかどうかを確認しながら実施
③大きく発声しながらできているかどうかを確認しながら実施
④左足と左手の一体感
ア　左足と左手が一体化していないと良い打ちにつながらないので、素振りのときにこれを身につけた（左足が利いているから左手も利くし、攻めも利く）。
イ　左足ひかがみで蹴るというイメージで振ると左腰がスムーズに出て、左踵が浮かず、しっかり打つことができた
⑤振り下ろしのスピードと打ちの強さの確認
ア　左手首を利かし、肩を使い大きく振り上げて素早く振り下ろすことを心がけた
イ　剣先が顎まで下りているかどうかを確認しながら実施
ウ　物打ちにしっかり力が加わっているかどうかを確認しながら実施。

二、基本打ち

①面打ち（ひかがみ、湧泉、撞木足になっていないかを常に意識して行なう）
ア　遠間から中心を攻めながら送り足で面打ちを実施
イ　遠間から中心を攻めながら一足一刀の打ち間まで攻め込んで、足を止めての面打ちを実施
ウ　遠間から相手竹刀の左右・上下を攻めながら、相手の剣先を殺して、足を止めて面打ちを実施。
②小手面
面打ちと同じ要領で行なう。早い小手面と小手打ちからワンテンポおいた面打ちの両方を実施
③突き

ア　面打ちと同じ要領で実施
イ　上半身で突かない。下半身で突く。突きっぱなしにしない。表から裏から突けるようにする。
　失敗しても次の技がすぐに出せるように左足を常に生かして実施
④突き面
　胸突きからの面打ちを思い切って行なう。しっかり腰で打つ練習を実施。左足・左手を意識して打突し、右手を握りしめないように、右手の力を抜いて実施
⑤面体当たり面、面体当たり胴
　腰を入れるのにもってこいの稽古なので、しっかり腰で打てるようにした。体当たりした瞬間の打ちを出すことで体の切れをよくすることができた。
⑥出ばな面
　ひかがみと湧泉をとくに意識して実施した。右手で打とうとすると体が崩れるので、左手が足と一緒に早く出せるように心がけて実施
⑦返し技
　面返し胴をとくに練習して、足と腰でしっかり打ち切って返せるようにした。相手を呼び込む要領でじっくり溜めて、瞬時に返して打つことを心がけた
⑧すり上げ技
　手の内を柔らかく使い、左手と右手の連動を滑らかにしてすり上げを実施した。手で打つのではなく足の捌きで打つことで、鎬の遣い方をしっかり覚えた。小手すり上げ面、面すり上げ面はよく遣う技なのでいつでも遣えるように取り組んだ。

三、打ち込み
①強い打ちを意識して実施
②打った後のすり足を正しく行なうことを意識して実施
③残心を素早く取ることを心がけて実施
④打たすときにも足の捌きを素早くするよう心がけて実施

素振り、基本技打ち込みを連動させる

基本で大事なことは、素振り・基本技・打ち込みを別々のものととらえないことだと思います。素振りだけをいくらやっても駄目、基本技だけをいくらやっても駄目、打ち込みだけをいくらやっても駄目で、それぞれを連動してやることが大事だと思います。そして最終的にはそれらを稽古で試すことができてはじめて「基本の完全修得」といえると思います。

私は40歳までの稽古をほとんど上段で費やしていたため、八段審査に挑戦するにあたっていちばん苦労したのは中段での面打ちの習得でした。自分で足を動かせているときは面が打てるのですが、足を止めると打てなかったのです。

そこで、「基本の完全修得」という目標設定を行ない、毎週2～3回くらいの割合で稽古仲間と短時間で集中して素振りや基本技、さらに打ち込みを連動させた稽古を実施し、そのうえで毎週土・日の午前6時から実施されている松山剣道会の朝稽古に参加して、自分の取り組んでいる基本技が稽古のなか

で確実に通用するかどうかを確認しました。

48歳のとき右足のアキレス腱切断というアクシデントもありましたが、基本の修得のおかげで、5回目の挑戦ではありますが八段合格ができたと思います。

法定の型がわたしの剣道を変えた

051

米元益雄（千葉県）

こめもと・ますお／昭和22年千葉県生まれ。成田高から明治大に進み、民間企業に勤務する。平成21年5月、八段合格

良師との出会い正しい方向に導いてくれた

剣道修行の第一歩は11歳の夏休みのときに祖父の手ほどきで始まりました。高校に入学して瀧口正義

先生のご指導をいただくことになりました。以来瀧口先生には38年間の長きにわたり剣道と人生の両面でたいへんお世話になりました。大学の剣道部では森島健男先生に4年間みっちりと中身が濃く、私の剣道人生でこれ以上のものはないといえる得がたい指導をいただくことができました。よき師に巡り合い、よき教導をいただき、私の剣道の礎は築かれました。

㈶千葉県剣道連盟事務局員となった50歳のとき（平成10年4月）に瀧口正義先生から直心影流法定の型を佐倉市にある武徳館道場（長谷川洋二館長）でご指導いただくことになりました。この法定の型は私の剣道八段位合格のために必要な要素や要件を修行のなかで自然に授けてくれたように思います。

初めて取り組む法定の型は順序や流れを覚えるのに苦労しました。学生時代の頃のきびしい稽古から遠のいていた私の体は瀧口先生の指導に悲鳴をあげ続けました。何度も挫折しそうになりながらもなんとか持ちこたえ、2年が過ぎる頃にはようやく体力も備わり、続けられる自信が湧いてきました。

一所懸命に頑張ろうと思い始めた矢先の平成12年3月9日、瀧口正義先生は病魔に倒れ、亡くなられてしまいました。かけがえのない師を失い、これからの修行に不安を覚えました。しかし、瀧口先生とともに小川忠太郎先生に法定の型を学ばれた稲村孝之助先生が、ときどき武徳館で指導してくださるようになりました。稲村先生の適切で丁寧なご指導は師を失い自己流になりがちな私や法定を学ぶ仲間を正しい方向に導いてくださいました。稲村孝之助先生がご来館の折には篠塚増穂先生、太田昌孝先生、氏家道男先生がご同行されることが多く、私たちと共に法定の型の稽古をされ、剣道のご指導もいただくことができました。私にとってこの稽古のひとときはたいへん意義深く、常に課題を与えてくれる有難いものでした。

法定の型で呼吸法を学んだ

私たちが修行している法定の型は以下のように解説されています（国士舘大学太田昌孝先生の資料より抜粋）。

「法定は太く重い木刀を使用し、刀を扱う技術よりも気の充実や呼吸法の修得を主眼とするもので、他流の組太刀とは一線を画する独特のものである。第15代山田次朗吉先生に師事した加藤完治先生の法定を小川忠太郎先生が学び瀧口正義先生、稲村孝之助先生に伝えられたその流れを汲むものである」

法定の解説（小川忠太郎先生による）

1、四本の名称

一本目　八相発破「春」

二本目　一刀両断「夏」

三本目　右転左転「秋」

四本目　長短一味「冬」

2、阿吽の呼吸法

直心影流法定の型は四本に分かれています。法定は「法」ですから根本は「誠」です。「誠」が中心となります。それを四つに分けて用（はたらき）を一年に配して春夏秋冬。最初に口を開いて「アー」

と吸気します。これはものの初めの声です。それから口を結んで「ウン」と丹田に納めます。最後の最後の声です。これを「一念」といいます。この呼吸法で法定は成立しています。この呼吸法がわかれば法定はわかります。

3、稽古内容

礼儀、眼精、呼吸、姿勢、進退、動作、掛声、手の習、足の習、体の習、錬胆、応用

4、学び方

一本目は「八相発破」春です。「八相発破」は事が発する処の「一念」を打つのです。剣道の稽古で相手を打とうとするその「う」の出たところは隙です。そこをパッと打つ。この「機先を制する」を修行するのです。

二本目は「一刀両断」夏です。一本目は事が未だ起こらざる以前ですが、二本目は事が始まってしまったのです。受太刀はやられてしまいます。そこを差し違いの気勢で出る。相手が強く出ればわれも強く差す。これが主眼です。「振りかざす太刀の下こそ地獄なれ」ここでぐずぐずしては駄目です。引いたらだめです。「ぐっと踏み込めあとは極楽」突きの気勢で「グー」と一刀両断する。この修行をするのです。

三本目は「右転左転」秋です。昨日のことを今日やろうとしても駄目です。「臨機応変」変化、これが主体になっています。それから三本目は自分の心がズーッと澄んでいないと変化できない。この修行をするのです。

四本目は「長短一味」冬です。長いということは「永遠」です、短いということは「今」です。「永遠が今」即今唯今の連続。武道訓の最後に「事に臨んで心を動かすことなかれ」というのは生死を超越

した心です。これで生死が裁断できる。「今」ということを修行するのです。

正念相続
気が丹田に充実、左手が収まった

瀧口正義先生は「正念相続」をいつも説かれておられ、それを身につけるためには法定が良いと言っておられました。そして、法定を始めてから早い人では3年くらいすると法定の効果が表われると言っておられました。浅学非才な私は3年では何も変わることはありませんでした。それでも法定を続けていればいつかは何かを得ることができると信じて励みました。10年経った頃にようやく効果らしきものを実感するようになりました。それは、今までは意識的に努力しても丹田に気が充実することはありませんでしたが、たまに「丹田に下りた」と思える状態を感じるようになりました。

また、左手の収まりの悪さを悩んでいましたが、偶然にもここが左手の「収まりどころ」と思えるような感覚が出てきました。

さらに、不安定でバラバラであった腰と足のバランスが自分なりに安定してきたように思えました。このような変化が起きはじめてきた時期の平成20年11月、八段審査会の日を迎えました。審査風景はいつもと同じはずですが、今までの審査では感じなかった穏やかな気持ちで会場に入れ、周囲の人びとの動きを気にすることなく審査の順番を心静かに待つことができた気がします。そして迎えた実技審査では、今までの稽古で不確かながらも少しずつ掴みかけていたものが偶然にも一時的に完成されたかのように、上体の力みもなく、下半身が落ち着き、気分も充実し、無心に近い状態で臨めたようです。先生が説かれた「正念相続」を一瞬であったにせよ、表現できたような気がしております。

手元を上げず乗って打つことを心がけた

052

岡見浩明（神奈川県・高校教員）

おかみ・ひろあき／昭和37年神奈川県生まれ。武相高から東海大を経て、神奈川県高校教員となる。平成21年11月、八段合格

二つの見直し
左拳と左足踵の修正

私は講習会や稽古会でいつも注意をされる点がありました。一つは、構えが悪いこと。左拳の位置が

高く中心から外れているので思いっきり下げるように改めました。その結果、それまで使っていた竹刀では柄が長いため1・5センチほどつめたものに代えました。

二つ目は、左足の踵が上がりすぎてしまうことです。意識していても稽古をやっている間に上がってしまうので、一人で素振りや足さばきをする際には、左足に重心をかけ踵をわざと床に着けるようにして直す努力をしました。

普段の稽古では、高校生を相手にすることが多いため、どうしても受ける稽古になってしまいます。やはり、「後の先」ではだめだと思い、常に自分から積極的に攻めて打つ剣道を心がけました。また、間合も「遠間」を意識することを考えて稽古に取り組みました。

四つの足りない点を改善 気合、品位風格、攻め、打ち切り

私の知人に、過去の八段審査のビデオをいただくことができました。その中で、合格された方の立合をくり返し見ることで、何が自分とは違うのか、自分に足りないものは何なのかということを研究することで、いくつかの点に気がつきました。

1、充実した気合
2、八段としての品位・風格を感じる構え
3、中心を外さない攻め
4、たとえ打突部位を外しても最後まで打ち切る姿勢

これらは当たり前のこととわかっていても、それができない自分はやはり合格することはできないと感じ、少しでも良いイメージで稽古に励むようにしました。

それ以外にも、京都大会や八段戦のビデオなど、時間があれば見るようにしました。やはり、どんなに良い打ちができても打つべき機会をしっかりとらえられなければ、それはただの無駄打ちになってしまいます。

一、仕事で心がけたポイント

私の職業は、高等学校の保健体育科教員です。体育全般を指導していますが、剣道の授業も数時間担当しています。その際に、授業の合間や時間があるときに素振りや足さばきの稽古を鏡の前で練習をしました。また、持久走の授業では生徒とともにランニングをするように心がけました。

二、八段審査に向けて実践したこと

昇段審査で大切なことはなにかというと、やはり普段通りの稽古がその時にできるかどうかだと思います。私は今回、合格する前に3回受審をしましたが、すべて平常心ではできませんでした。打たれることを恐れて思い切った技が出せず、それが結局、中途半端なものになってしまいました。

前回の審査以降、相手と対峙したときに気持ちで負けないこと、構えを崩さないこと、とくに相手の攻めに対して手元を上げず、逆に上から乗って打つことを心がけて稽古を続けてきました。いろいろな先生や先輩方にご指導いただき、自分ができることは何なのかと、常に試行錯誤をくり返しながら今回の合格につながったと思っています。すべての方に感謝するとともに、これからも、初心を忘れることなく精進してまいりたいと考えております。

古流で肚《はら》がすわり相手の起こりが見えるようになった

053

平田富彦（東京都）

ひらた・とみひこ／昭和17年岡山県生まれ。大原高から警視庁に奉職。捜査一課課長、大塚署長、立川署長などを歴任する。平成21年11月、八段合格

頑張らなくていい真剣、誠実、ひたむきさが継続に

私には輝かしい剣歴はありません。毎年冬・夏に行なわれる警視庁内での対抗試合に署・課・隊の選

手として39年、毎回出場したくらいのことです。その間、捜査一課に通算11年在籍し、係長、課長も勤めさせていただきました。捜査一課はご存知のように殺人、強盗、放火、誘拐、人質立てこもりなどの凶悪事件を扱う部署です。私が37歳で捜査一課の係長になって最初に取り調べたのが、昭和56年の「深川通り魔殺人事件」の川俣軍司です。川俣は逮捕の翌朝、取調室で「かつ丼を食わせろ」と大声をあげた。無視すると、「舌を噛み切って死んでやる」と。私が「やれるものなら、やってみろ」と気合をこめて言うと、真っ青になっておとなしくなり、それからは素直に話を聞くようになりました。これも剣道で培った気力が活きたことだと実感しました。剣道は私にとって背骨のようなものであり、これがなかったらあらゆる困難を克服できなかったと思います。

町田副署長時代に六段、立川署長時代に七段（平成10年）を頂きました。八段審査に向けて本格的に修行を始めたのは、警視庁を退職した平成13年秋からです。特例によって平成15年から八段を受審し、挑戦12回目で合格させていただきました。

合格の秘密はありません。秘訣は「合格するまで絶対に諦めずにコツコツと努力を継続する」ことです。これまで私がコツコツと実践してきたことを紹介させていただきます。

実践するにあたって心がけてきたことは、頑張らないことです。普通頑張ることが大事だとよくいいますが、私は頑張ることは「我」を張ることにつながっていると考えており、頑張ろうと思うと体全体に力が入ってかえってよくなく、頑張りすぎて疲れてしまうからです。その代わりに、「真剣、誠実、ひたむき」「にこにこ顔で命懸け」で何事も取り組むようにしています。そうすることで一所懸命になれ、継続へとつながりました。頑張らなくていいと思えば、気分的に楽になれたからだと思います。

小野派一刀流で学んだ見切り
我慢力、体さばきが養えた

八段合格にならしめたものは、剣道の稽古以外では坐禅、小野派一刀流、直心影流です。坐禅は30年来、行なっています。毎朝4時に起きて一炷三十分、数息観による丹田呼吸を行ないます。これをやることで気を静めて己を客観視することができるため、自分の至らない点を見つめ直せるようになりました。

小野派一刀流は30年余り修業していますが、最も私の剣道に大きな効果をもたらしてくれました。それまでは私の剣道は荒っぽいものでした。相手を打つことだけを考えており、いま思うと恥ずかしいかぎりです。しかし、小野派一刀流に出会って剣の道で大切な心、相手を思いやる心を学ばせていただきました。相手を引き立てることで、自分も引き立つことがわかったからです。

小野派一刀流の技はすべて切り落としです。これを成功させるには生死の境に身をおいて、いかにぎりぎりまで相手の太刀を我慢できるか、つまり見切りが重要な要素になります。相手の太刀より早く動けば、相手にその動くところを斬りつけられてしまう。相手が二の太刀を出せないところまで打ち切らせるためにも、見切り（我慢力）を養わなければなりません。相手を打ち切らせれば、自分の技が活きてくるのです。それが切り落としです。

見切りを養うことにより、肚《はら》ができてきて我慢力が身につきました。

平成21年11月の東京審査では、自然にそれを表わすことができたと思います。先を取って攻め込んだとき、相手が打ってきた瞬間、体が無意識に反応して切り落としの面を打つことができました。計算ずくではない技でした。体が自然に反応して出た技が決まるのが理想ではないでしょうか。もちろん相手の方が正しい技を出されたから決まったと思います。

また、体の軸を安定させることにも効果がありました。相手の技を見切って切り落としを成功させるには、微妙な足さばきが重要ですが、体の軸がぶれると成功しません。体の軸が安定すれば、打突に冴えが生まれてくるからです。八段合格後、笹森建美宗家から「審査の前、平田さんの稽古を見たときに力みが消えて、軸がぶれず体が安定してきていると思いました」と言われました。自分ではあまり自覚はなかったのですが、いま振り返ると無理無駄なく切り落としができるようになってきたという実感はありました。

小野派一刀流ではなぜ負けるのかも学びますが、負けることを覚えることにより、なぜ負けたのかを知ることで勝つことが見えて、それを相手にさせればいいのだとわかってきました。

小野派一刀流を修行された先生方の中からも多くの八段、九段が生まれております。自分の剣道を見つめ直してさらに上をめざすうえでもお勧めします。

直心影流の修行は13年ですが、長く吐いて短く吸う呼吸法を体得することができ、気の充実を図れるようになりました。気が充実すると姿勢が正せ、品位や位へとつながっていくことも実感しています。

相手を引き出すコツ
誠心誠意、心から打たれる気持ち

次に、日常生活や稽古で心がけてきたことを述べさせていただきます。

一、平素心がけたこと

①多くの剣士と交剣すること

都内10箇所の道場に剣道具一式（防具、稽古着、竹刀）を置かせていただき、多くの剣士と出来うる限り稽古し、審査でどのような剣風の方とやっても対応できるようにしました。また、機会をみては都外（岡山、熊本、長野、群馬、茨城、千葉、埼玉、新潟、山梨）や国外（韓国、香港、マカオ、ドイツ、ロシア）にも積極的に出かけて交剣知愛を育みました。

②イメージトレーニング

就寝時、起床時、通勤時など一人になった時、「一次・二次審査で会心の打突ができて合格し、剣道形も通過して最終合格した自分」をイメージしました。

二、稽古で心がけたこと

①懸かる稽古

出来うる限り上手の先生に懸かり、「気」をいただくようにしました。

②気を抜かない稽古

上手、下手、先輩、後輩、誰とでも絶対に気を抜くことなく、「いま、八段審査をしている」と思って真剣に精一杯の稽古をしました。

③基本稽古の反復

シンプル＝ベスト。本物＝簡潔・単純明快。八段の打突＝基本の打突と考え、週に一度、志を同じくする剣友と基本の「小手」「面」「胴」「突き」と「一拍子の面」を納得いくまで反復練習しました。お互いに隙を見せずしっかり構えてから打つ、真剣な一本は、ただ百本打つよりも大きな効果が得られると思いますし、できれば同じくらいの力量の方と行なったほうがいいと考えます。

④工夫したこと

・相手の打突をいかにして引き出すか。誠心誠意、心から打たれるという気持ちになることで、相手が打ってきてくれるようになるので、隙が見えてきます。

・生死の間合でいかに我慢すること。

・無駄無理無法の打突をいかにしてなくして打ち切るか。

最後に、当日の審査についてですが、その日はこれまでになく体調が悪かったです。審査の11日前、稽古中に左足踵を負傷しました（原因は筋肉疲労）。直後は満足な歩行もできず、鍼灸などによって何とか歩けるようになりました。さらに3日前には風邪もひいてしまい、当然稽古はもちろん、素振りすらまったくできないまま審査に臨みました。

審査前はできるだけ一人になり、面壁して黙想、丹田呼吸をして「気」を充満させました。

受審中は、気力を充満させ、「頭上満々、脚下満々、位負けしない」ことだけを心がけ、あとは体の反応に任せましたが、審査が始まると不思議と足の痛みも風邪のことも忘れてしまい、真剣にひたむきになっていたと思います。それに対して、神様が私の持っている力に2や3の力をプラスしてくれたのではないでしょうか。

「春立つや敢えて険しき道を行く」この句は以前作ったものですが、この心境でこれからが大切だと心して修行に努めていきたいと思います。

動揺しない、さがらない
我慢の中から技を打ち切ることを心がけた

054

坂田秀晴（山梨県・高校教員）

さかた・ひではる／昭和37年熊本県生まれ。国士舘高から国士舘大を経て、山梨県高校教員となる。平成21年11月、八段合格

初心に返って基本を反復練習した

今回の審査においては、我慢の中から出す技を打ち切ることを心がけました。

昨年の5月に初めて受審した時は、今日までご指導をいただいたことを出し切ろうと全力で臨みました。しかし結果は不合格。立合の様子を、ビデオや見ていた方に確認し反省しました。着装、構えは、普段の自分であったが、攻めのない打突、無駄打ち、声に張りがないなど、やはり自分では普段通りにやっているようでも、そう簡単ではないことを感じさせられました。

その後においては、今まで以上に我慢を取り入れた稽古を行なってきました。そして2回目、3回目と挑戦しましたが、結果は、思うように出来ませんでした。自分の中ではわかっているつもりが、実際に審査員の先生方の前に立つと、いくら「我慢、我慢」と言い聞かせても、手元が浮いたり、技を出そうとする動作になるなど、やはり心の修行が足りないと痛感しました。

3度目の不合格を機に、国士舘大学時代にご指導をいただいた故大野操一郎先生や現在もご指導をいただいている矢野博志先生の指導を振り返り、もう一度初心に戻り、構え、素振り、足捌き、切り返しを、自分の納得いくまで反復練習をしました。

また精神面においては、故大森幹男先生、故堀口清先生、故小沼宏至先生に、心の攻めや気の攻め、心の動揺などをご指導していただいたことを思い出し、相手の攻めに対し動揺しない我慢強さ、相手に打つ気を見せない心の修行を、今までとは違う形で稽古に取り入れてきました。

本来稽古の出来る場所を探し、高段者の先生に稽古をお願いしなければならいのですが、なかなか機会が取れない状況でした。

そのため、出来る限り県内で開催される講習会に参加し、高段者の先生方に稽古をお願いしました。苦しまぎれに技を出したり、自分勝手に技を出すと、簡単に返されたり、出ばな技を打たれました。「攻められ苦しい」「打てる」と思った時でも、簡単に打ちを出さない、いかに我慢できるかが大事であると、あらためて教えていただいたような気がしました。

その後の稽古は、打ちたいと思っても我慢し、その我慢の中から出す技を打ち切るようにしました。

当日の朝は、何となく平常心であり、立合のイメージを持ちながら武道館に足を運びました。あたりを見渡すと、緊張されているような方、素振りをしている大勢の方などがおられる中、私はとくに緊張することもなく「自分を信じてやれ」と、心で思いながら立合の準備を進めました。自分の順番まで時間があったので、黙想し集中することだけに努めました。その時、今までの審査会場での気持ちの持ち方や、雰囲気が何となく違うように感じました。

順番が直前に迫ってきたとき、動揺しない、さがらない、武道館全体に響き渡るような気合、そして一本勝負のつもりで2分間の立合をすることを決意し立合に臨みました。

その結果、一次合格、気を緩めることなく、いつでも来いという心境で二次審査へ。

最後の最後まで気を緩めることなく審査に臨めたことや、今までになかった我慢が一番の成果ではないかなと思います。

左手を意識し構えを正す
下半身が落ち着いた

前回までの審査のことは忘れ、新たな気持ちで臨み、次の四つのことを心がけました。

一、審査に臨む心構えとして、まず着装の再確認

剣道着、袴、剣道具、紐の長さ、面金から見る目の位置など鏡を見て確認しました。

二、構えの再確認

私個人としては構えが一番大事だと考えています。常に左手を意識し、いろいろな角度からのチェックをしてきました。講習会、稽古会、大会などでの諸先生方の構えを参考にして、自分なりにイメージを持って構えてみました。日に日に多少ではありますが、構えが今までとは少し違ってきました。左膝(ひかがみ)や左手の握りが収まり、自然な構えができ、下半身が落ち着いたように感じました。

三、日常の稽古

高校生との稽古が主ですので、時には、竹刀の長さを三八、重さは一般使用で行ないました。高校生にとっても間合の感覚が普段と同じで稽古も出来ますし、自分にとっても足を使った稽古が出来るようにしました。また、相手が高校生であっても気を抜かず真剣に取り組んできました。

四、稽古以外の練習内容

・素振り千本(木刀・竹刀を使い、剣先が走るようにした)
・鏡と向き合い足捌き(すり足を多く取り入れた)
・打ちを出す機会のイメージトレーニング(立合をしている感覚)
・下半身トレーニング(ランニング・坂道のダッシュ)

私は今回の審査に向け、今までの稽古内容や気持ちを大きく変えたわけではなく、足りないと思ったことだけ取り入れました。今まで通りに生活し一日一日を大事にし、我慢だけを集中的に身体に教え込んできました。皆さん方に参考になるかどうかわかりませんが、何かが足りないと思ったときに、模索してみると意外とできることがあるかもしれません。

求められている技倆の情報収集と分析 つねに質の高い稽古を求めた

055

佐藤　誠（大阪府・武道具店主）

さとう・まこと／昭和36年大阪府生まれ。清風高から大阪拘置所に奉職。現在、㈲佐藤武道具店代表取締役。平成21年11月、八段合格

剣道による自己実現 長・中・短期目標を設定する

私の剣道高段者をめざす道は、大阪清風高校在校時、恩師中寛和先生（当時剣道部顧問兼監督）から

いただいた一言から始まりました。

「清風高校剣道部で育ったお前たちは、将来剣道の指導者、または剣道の指導者にかかわらずとも、社会の指導者・リーダーとなる人間だ。目先のことにとらわれず、5年先、10年先の自分自身の姿を想像し、いま何をすべきか自らの頭で考えて行動しなければならないぞ」と。

いま思い起こせば、このお言葉が、私の人生をつくってくれたと言っても過言ではありません。

このお言葉で、自分が理想とする自己を実現するために、常に自分がしなくてはならない「長・中・短期目標」を設定し、その目標を実現させるためにはいつまでに、どのようにすればその目標に到達することができるのかを考える習慣が身につきました。

18歳で高校を卒業し、ご縁をいただき大阪拘置所に奉職することとなりましたが、商人の子どもとして生まれ育ちましたので、婆婆っ気が強く、将来はなにか商売をしたいと考えていたため、結婚してからでは公務員をやめることなどできなくなると思い、28歳で退職。商売の勉強をするため家業の武道具店に勤めることとなりました。

それから以降、仕事上、毎日が剣道と向かい合う日々が始まり、剣道具販売の営業活動のかたわら稽古もお願いするという、なんとも贅沢な毎日を送ることができ、六段、七段受審の頃には、週に9回稽古することもめずらしくないほど稽古三昧の日々を送ることができました。

しかし、独立心が強かったため、35歳までに剣道七段に合格し、35歳には自分自身で何らかの事業を起業したいと考えていたところ、運よく34歳で七段に合格することができ、1年間の準備期間を経て計画どおり35歳で自らの事業を起業することとなりました。

満足に稽古できなかった10年間
資料、情報収集に努めた

興したのは飲食業、それも焼き鳥居酒屋でありましたため、剣道の稽古がまったくできなくなりました。

起業して1年が経ち、父が滋賀県に住居を構えていたため、大阪への毎日の通勤も身体にこたえるようになり、武道具店を引き取ってくれないかとの要請があり、昼は武道具店、夜は焼き鳥屋の生活が10年続くこととなりました。

その間、前期5年間はまったくといってよいほど、自分の稽古のために竹刀を握ることはありませんでした。

40歳になり、飲食業の事業も順調になりスタッフも立派に成長することができた頃、週に1回だけ剣道の稽古をさせてくれないかとスタッフに懇願し、スタッフに店をまかせ、ようやく稽古を再開することができるようになりました。

しかし、満足な稽古はできなかったものの、七段合格直後から八段をめざす行動は怠っておりませんでした。

一、八段受審のための資料づくり

受審するに当たり、八段合格には何を求められているのかを知る必要がありました。

そのために、剣道時代２００２年1月号・2月号の「歓談・円相の風光その後」「八段合格のポイント」や、2002年11月号から始まった剣道時代の特集記事「八段合格の秘密」ばかりを集めた冊子、2001年7月号からの連載「剣道審査員の目」、2003年11月号から連載された「松本敏夫の剣道秘訣」を一冊の冊子にまとめるなど、剣道八段合格のため、自分にわかりやすいよう、資料づくりを行ないました（写真参照）。

このような資料づくりは、七段受審以前から行なっており、資料の1ページめは、剣道時代1990年8月号特集「突き技と正中線」という20年前の記事から始まっており、『剣道時代』という雑誌にずいぶん教えていただいたなあと感謝しております。

二、毎日が八段審査会場

七段受審時もそうであったように、5月の審査会場（京都）に見学に行き、自分が受審することになるであろう第1コートを101組から午前中の最後までと二次審査の立合をビデオに収め、家に帰って合格者のみを別のテープに編集し、その映像をほぼ365日毎日見ました。

2004年から2007年に自身の受審が始まるまでは、東京の審査会場にも行き、同じことをくり返しました。近年は、車内のDVDも発達したため、マイカーの車内はボリュームいっぱいの音量と映像で、毎日が臨場感溢れる八段審査会場となっておりました。

三、甲手の開発

飲食事業も10年が転換期と考えていたことと、剣道八段受審が間近に控えてきたこともあり、平成18年8月をもって10年続けた焼き鳥居酒屋を廃業、武道具販売業一本に絞り事業を展開することとなりました。

剣道八段合格を目標としながら、剣道具の販売、以前のような稽古三昧をしようとするのですが、10

年間勉強してきた上での自分が理想とする三角矩の構えを実現するためには、どうしても甲手に違和感があることを強く感じました。名人作の甲手があると聞けば買い求め、使用してみることが続きましたが、どうしても納得いかない。「ほんなら自分で設計して作ったろ」と開発したのが「夢玄　昇龍拳」でした。

とくにこだわったのは、甲手の手首の左右外角・縦角の角度でした。この角度を割り出し、立体裁断と、特殊な縫製の仕方で、甲手をはめることによって自然と理想の三角矩の構えに導いてくれる甲手を開発することができました。

余談ですが、この甲手「夢玄　昇龍拳」で八段受審された先生方のうち、２００８年５月審査では２名の先生が八段合格、１名があと一歩の受審者として紹介され、今回の２００９年11月審査では、４名が一次審査を合格し、そのうちの２名が二次審査を合格するという驚くような結果が出ております。

八段合格へ向けての励行
自分の技に最後まで責任を持つ

一、「一眼二足三胆四力」といわれますが、私は近視と乱視がひどかったため、２００９年５月審査（５回目の受審）直後、秋の審査に向け近視矯正手術（レーザーレーシック）を受け視力を回復させました。

二、足構え、腰構え、頭持ちを意識した攻防一致の構えを心がけました。

三、日々の稽古では、八段の先生の気を乗り越えること、お相手によって気持ちを変えることのないよう、つねにお相手の気を乗り越えるよう裂帛の気合と声で自分のすべてを出し切る稽古を心がけました。

四、打突する技前を充実させるため、つねにお相手の中心線と中心をとらえ、乗って・攻めて・溜めて・崩して打突すること。稽古のなかで究極の基本打ちができるよう努めました。

五、つねにくり出した技は最後まで責任を持ち、たとえ打突部位を外れたとしても打ち切ること、声を出し切り、触刃の間にただちに構えることを実践し、目の詰まった稽古を心がけました。

六、審査当日は、3秒吸って2秒止め、腹部に力を込め、15秒かけて吐く長呼気丹田呼吸を心臓の高鳴りと鼓動が消えるまで続けることで、体内から湧き出るような体温の上昇と集中力が発揮することができました。

七、一次審査・二次審査とも立合2人目の最後20秒に、最高の気合と、止めの一発の技が出せるよう、気の充実と体力、技の多様化に努めました。

＊

審査が終わった瞬間、いま持ち得る自分のすべてが出せた気がしました。

われわれ一般社会人には、人生のさまざまな事情で稽古のできない時期もありますが、落胆することなく、計画性を持ち、よく見て、よく聞き、よく読み、少ない稽古量を、稽古の質を最大に高めることで、自分が理想とする自己実現の夢をかなえることができると思います。

剣を交え導いてくださった先生方、すべての剣友、そして家族に感謝しております。

無理なく、伸びやかで勢いのある打突を求めた

056

岡嶋　恒（北海道・大学教員）

おかじま・つねし／昭和28年北海道生まれ。旭川東高から東京教育大を卒業。高校教員を経て、昭和59年北海道教育大に奉職。現在、北海道教育大学教授。平成21年11月、八段合格

この度、長年の目標であった剣道八段に合格できましたことは、これまでご指導いただきました諸先生、諸先輩そして剣友の皆様のおかげであり、この誌面をお借りし、心より御礼申し上げます。

さて、八段合格に至るまでの稽古法や日常生活で心がけたことを紹介してくださいとの依頼をいただきました。浅学非才ではありますが、これから八段をめざす諸先生方のお役にわずかでも立てればと考え、恩返しの気持ちを込め紹介させていただきます。

基本に立ち返る
構えから残心まで再確認

今回の審査に臨むにあたり、「基本に立ち返る」ことを意識し、立ち姿から打突後の残心に至るまで、一つひとつ確認しながら基本稽古に取り組みました。

中段の構えでは、構えに厚みと落ち着きが感じられないと指摘されたことを受け、稽古前には必ず鏡を見て左拳の位置や腰の据わり、左足の備えを確認しました。右膝のゆとりと左膝のひかがみに適度な張りを保つことで構えが安定したように思います。

気構えでは、余計なことを考えずに相手に集中することを念頭に、つねに「かかる気」を意識した稽古をくり返しました。臍下丹田からの発声によって集中力を高めるとともに、気攻めや剣先での攻め合いの中から相手の打ち気を感じ取り、その出ばなを捨て身で打つことを心がけました。

また、これまでの審査会をふり返ると、自分を含めて機会をとらえて打つ受審者はよく見られましたが、無理のない、伸びやかで勢いのある打突ができる人は、そう多くはいませんでした。それを発現できた人が審査員の目に映ると考え、身体の出の勢いとキレを重点に足さばき、体さばきに注意しながら基本打ちをくり返しました。打突の切れ味も大切です。強く、冴えのある打ちになるよう腕や手首、手の内の使い方にも注意し、大きく速い打ち、小さく強い打ちを心がけながら面打ち、小手打ちを行ないました。

残心についても心気力一致の打ちであれば気が緩むことはないのですが、まとまりのない不充分な打ちのときは、つい気が切れたり、緩みがちになります。身構え、心構えに隙を見せずに、次の動作に素早くつながるよう気の持続を心がけました。さらに、講習会や研修会、月例稽古会に参加した折にご指導いただいた事柄を思い返し、学生との稽古を通して試行錯誤し、自己反省をくり返しました。

腰痛予防を意識
体幹を鍛え、良好な日常生活

40代前半から腰痛（椎間板ヘルニア）の持病があり、授業以外の職務の関係でデスクワークや会議が長引いたりしたときは、腰の張りや左下肢全体に痛みが出て、稽古どころか日常生活もままならない時期がありました。整形外科や整骨院にも通いましたが、結局完治は見込めないとのことであり、トレーニングで体幹を鍛え、痛みの発症を抑えることに努めました。

基本的には、腹筋や背筋のトレーニングを毎日継続して行なうようにしました。剣道の動きに近い片足スクワットを稽古前や仕事の合間に行ない、足・腰の衰えを補うようにしました。また、以前は自動車通勤のため歩くことが少ない状況でしたが、現在は地下鉄やJRを利用しての通勤のため1日の歩数も1万歩前後となりました。効果のほどはわかりませんが、歩くときの姿勢や歩幅にも注意し、姿勢を整え、大股で歩くようにしています。稽古後の筋肉の張りや疲れを癒したり、全身の柔軟性を高めるために、入浴中に静的ストレッチングも行ないました。

以上、体幹のトレーニングやストレッチングの継続が腰痛予防につながり、日常の稽古にも良い影響を与えたと考えています。

試合感覚も大切「先の気」「懸かる気」を錬る

50代になってからは、充実した気勢、「理合」、捨て身の打ちを意識しながら審査に向けての稽古に取り組みました。とくに前述した「懸かる気」をいかに持続させるかを課題としましたが、自分の中では何かが足りないと感じていました。そこで、近年は全国レベルの試合に出場する機会もありませんでしたが、試合を経験することで「懸かる気」を少しでも練り上げることができればと考え、10年ぶりに北海道の大将として国民体育大会に出場しました。試合は、「先の気」「懸かる気」が相手より上回らなければ優位には立てません。強化錬成での試合稽古や道外遠征の対外試合では、それを念頭に気攻めや剣先での攻め、捨て身の打ちなどを意識して対戦しましたが、良い経験となりました。

審査内容はよく覚えていませんが、この試合感覚での「先の気」「懸かる気」が相手の打ち気を感じ取り、それに身体が自然に反応し、無理のない技の発現につながったのかも知れません。

もう一つ自分に言い聞かせたことは、「自分にできること」に集中し、余計なことを考えずに立ち合うことでした。これまでは、結果を求めるあまり雑念が生じ、思い切った打突ができないという悔いを残す失敗をくり返していました。そのことを反省し、気持ちを集中させ、相手の攻めや動きに惑わされずに、持てる力を出し切ることを心して臨んだことが合格をもたらしたと思っています。

最後に、自分一人でできることには限界があります。多くの方々のご指導、ご支援があっての結果と受け止め、これからも謙虚な心と素直な気持ちを忘れることなく精進していきたいと思います。

2分間の「起承転結」限られた時間で自己表現を意識

057

横尾英治（和歌山県）

よこお・えいじ／昭和25年福岡県生まれ。朝倉高から国士舘大を経て、和歌山県高校教員となる。全日本剣道選手権大会優勝。平成21年11月、八段合格

剣道は間合の勝負 一撃で一本にすることを心がけた

稽古では「間合と打突の機会」を大切にし、つねに緊張感と集中力を持ちながら行なうことに心がけ

ています。

剣道は、「間は魔に通ず」といわれるように間合の勝負であり、この攻め合いを制し、相手の隙を瞬時に見極め技を決める、まさにこれが魅力であり醍醐味でもあります。

私も「一撃で一本にする」ことに心がけ稽古を積み重ねておりますが、いざ試合や審査で発揮することは容易ではなく、平素の稽古や多くの試合を経験する中で身につくものと思います。

昨年は国体や事前の強化試合などで他府県の先生方と竹刀を交える機会があり、これらの試合で学んだことは、人それぞれの間合、得意技、打突の機会があり、それに対応できる技能を身につけておかなければ試合を勝ち抜くことはできないということでした。

私は試合に臨む場合、しかけ技、とくにメン技を中心として攻め、相手の反応によって攻め方の工夫をしますが、どんな相手でも一方的に攻めにこだわる剣道になる場合もあり、時として相手に技が読まれ、応じ技などを狙われることがありました。

前回の二次審査でもこのような苦い経験をしたことから、今回の審査では、攻めて相手を引き出し、その出ばなをメンやコテを打つなど、「懸待一致の剣道」に留意しながら、また、「審査も試合である」という意識を持ち、相手を気魄と剣先で威圧し、初太刀の一本を取ること、剣先は正中線から外さないことに心がけました。

理想のパターンをイメージ前向きな心で審査に臨む

過度の緊張は自在な剣道を阻み、相手の攻めや技に不安を抱けば中途半端な剣道になる場合もあり、私は、従来から「イメージトレーニング」を心がけ、就寝前や試合の直前には、理想のパターンをイメージするようにしています。

このことにより、試合や審査において、常に前向きで心身とも充実した状態で臨むことができます。但し、自分の剣道に自信を持ち、万全な体調を整えておくことが前提となることは申すまでもありません。

身体的な面でいえば、年齢を重ねるにつれ瞬発力や持久力などが低下してきますが、私は稽古において応じ技中心にならず、踏み込んでメン、相メンでも負けないという先の気構えを持つことにより、筋力・瞬発力などを維持するよう心がけております。

今回は、充実した気力の中にも過度に緊張することがなく、心と身体のバランスがとれていたことが前向きな心で審査に臨めたのではないかと思います。

生徒と共に基本稽古
自分の欠点を知ることができた

現在、高等学校に勤務しており、生徒に指導する機会もあります。

私は生徒が全国大会などで活躍することはもちろんですが、剣道を愛し、生涯にわたって剣道に親しんでくれることを期待しております。

そのためには剣道の基本を確実に身につけさせることが技術の向上にも生涯剣道をめざす上においても大切であると考え、生徒と一緒に基本稽古を中心に指導を行なっています。

その基本指導の中で構えの姿勢・竹刀の握り方や足の踏み込みなど自分自身の課題を発見する場合もあり、また、技の稽古では、生徒の遠間からの速い打ちに対し、その出ばなを押さえたり、応じたりすることにより、技の起こりの見極めなど自分自身の稽古にもなります。

まさに「生徒と共に」であります。

相手は一様ではない
臨機応変な対応力が大切

試合でも審査でも大切なことは限られた時間の中でいかにパフォーマンスを発揮するかであり、審査の2分間は短くも長くも感じる時間であり、私はこの2分を「起承転結」にたとえ、次のように考えて臨んでいました。

「起」は、立合の始めの最も緊張するときで、このときは気力を充実し相手の間合や打突を感じ取り、つねに相手の攻めに対応できる状態をつくります。

「承」では、判断力や決断力が必要で相手の心や技の動きを見極め、自分の間合で果敢にしかけ技、とくにメン技を中心に攻めます。

「転」では、効果的な技が出せた状況では出ばな・返し技にも心を配りながら攻め、一方、有効な技が出せず、逆に相手に有効な技を決められたときは、心に焦りを感じますが、慌てず機会を見つけ思い切って打つ、または応じるようにしています。

最終章である「結」でありますが、相手を気・剣で制しながら攻めには攻め返す、または応じる、相手がひるんだ場合は思い切り打突する気構えで臨みます。

このように考えても、実際は相手の攻防は一様でなく、臨機応変に対応することが必要になります。

このたびの審査では、立ち合っていただいた先生の気魄や鋭い技がひしひしと伝わり、私も無我夢中でそれに立ち向かうことができ、終わった後はおそらく「無心」に近い心境だったのでしょうか、いつどのような技を出したのか、あまり思い出すことができないほどでした。

今後も今回の経験を生かし、自分の理想とする剣道を追求していきたいと思います。

「段位」は剣道の修行を積み重ねる上で大きな励みとはなりますが、究極は剣道の理念である、剣の理法の修錬による人間形成であります。

今後も剣道と素直に向き合い、向上心を持って稽古に励む中で豊かな人間性をも育んでまいりたいと思います。

私の職場に山岡鐵舟先生の書「堪忍一生宝」の額があります。この書は1882年（明治15年）に正四位に叙された頃のものと思われますが、山岡先生は「剣・禅・書」を極められた達人であり、それぞれの道を極めるために「堪え忍んで修行することは一生の宝である」とあるように、想像を絶する厳しい修行の日々であったことが推測されます。

この書を見るたびに、私も剣道を志す一人として日々の稽古が一生の宝と思える心境に少しでも近づきたいと思っております。

52歳、初挑戦で合格
七段合格後、積極的に基本稽古

058

櫻井智明（岐阜県・高校校長）

さくらい・ともあき／昭和32年岐阜県生まれ。市立岐阜商高から名古屋商科大を経て、岐阜県高校教員となる。平成21年11月、八段合格

今回初めての八段審査で合格させていただきました。これは、師である神山勝郎先生はじめ、指導していただいた多くの先生方や剣友の方々のおかげだと心から感謝しています。また、八段を受審するにあたって、特別なことは考えず、日頃の稽古のままを出そうと心がけたことも合格につながった要因の一つだったと思います。

日頃の稽古で心がけたこと
自分に適した基本の組み立て

高等学校の教員ということもあり、日頃は生徒との稽古が主となります。八段の合格率から見ても、受審者100名の中で、1、2を争うような稽古の量と質がないと合格できないことになります。元に立つ稽古が増え、懸かる稽古が少ない現状の中、次のことを心がけました。

一、基本打ちと切り返し

切り返しと基本稽古が、剣道を学ぶ者にとっては最も大切であることは誰でもわかっています。生徒を指導するときには基本稽古に多くの時間を費やします。もちろん、指導する私にとっても基本稽古は大切です。しかし、それを実践することはなかなかできませんし、地稽古中心の稽古になってしまいます。七段合格後は地稽古をする前になるべく基本稽古を行なうことを心がけました。

大きく面3本（3本ごとに相手と交代）↓小さく面3本↓小手打ち3本↓小手面3本↓切り返し……これを1セットとして行ない、セット数を徐々に増やしていきます。慣れてきたら、応じ技↓つば競り合い、というように、技の練習を挟んでいきます。自分に適した基本の組み合わせで基本稽古を行ない、身体が動くようになってから切り返しや打ち込みをセットの途中に組み入れます。間合や姿勢に注意しながら無理なく継続できる基本稽古を行なうようにしています。

二、稽古相手と心を合わせ合気になること

日頃の生徒との稽古では元立ちが多くなるため、自分勝手で一方的な稽古にならないように注意しました。生徒の気持ちと合気になり、生徒の「さぁいくぞ！」という気持ちに全力で「さぁこい！」という気持ちで応じることで緊張感のある稽古ができました。簡単に打ち間に入り、打って勝つことはせず、勝って打つことを心がけています。

三、遠間からの捨て身の打突をすること

打たれまいとする気持ちが技を小さくします。攻め勝っていない状態で技を出すため、払いながら、すり上げながら、担ぎながら打つ、という技が多くなり、思い切りのよい大きな技が出ないのだと思います。高校に入学したばかりの生徒の中には、打たれまいと避けながら技を出す子が多くいます。遠間で気持ちを合わせて打突の機会を逃さず、捨て身で技を出すことを指導しています。「どうぞ小手を打ってください。でも私は面を打たせてもらいます」という気持ちで稽古をしています。迷いのない気魄のこもった打突が相手の心にも響く一本と信じ、自分自身も日頃の稽古で実践してきました。

四、出し切る、懸かる稽古

上位の先生方と稽古をする機会があれば、懸かる稽古をお願いするようにしました。懸かっているときは打たれることを懼れず、打突の機会となれば全力で打ち込んでいく稽古をしました。最後は掛かり稽古と切り返しをお願いし、ふらふらになるまで出し切る稽古を心がけました。できる限り多くの先生方に稽古をつけていただくために、遠征先には必ず防具を持参しました。生徒と稽古をする一方で、チャンスがあれば、練習試合の生徒引率をされている先生方に稽古をお願いし、懸かる稽古の機会を逃さないようにしました。

稽古場以外で心がけたこと ビデオの活用と筋力維持

一、ビデオを活用し自分の剣道を見直す

20年ほど前から自分の稽古姿をビデオで撮影し、めざしている剣道ができているかを確認しています。切り返しや基本打ち、生徒との稽古や先生方に懸かっている稽古など、さまざまな角度から自分の姿を見ることにしています。思い描いている剣道をしているつもりでも、映像を見るとできていない場合が多くあります。間合・姿勢（後ろ姿）・左手の位置・両足の間隔、打突や打突後の姿勢、技の切れや打突の勢いなど、自分の欠点や癖をチェックし、めざしている姿で稽古ができるように取り組んでいます。

美しく力強く、理にかなった剣道を求めて稽古をするようにしていますが、理想と現実は一致しません。ビデオを利用し自分の姿をくり返し見ることで、道場での取り組み方を明確にし、稽古に生かすようにしています。このことは定期的に実施し、八段合格後も継続しています。

また、全国で活躍をされている先生方のＤＶＤも見て研究します。お互いの間合の攻防、攻め合い、打突の機会、打突力、竹刀遣いや身体の捌きなどすべてが素晴らしく、お手本としています。

二、筋力維持のために

年齢と共に筋力は落ちていくと考えていましたが、中堅指導者講習会に参加した折、林邦夫範士から50歳を過ぎてからも筋力はつく、とのご指導をいただきました。筋トレは一日間隔で行ない、素振りもできる限り多くするようにしています。足腰を鍛えるために毎朝20分程度の軽いランニングも8年前から続けていますが、無理のないように行なっています。

歳を重ねたからといって、体力やスピードでは若い人に勝てない、との言い訳だけは絶対にしないと自分自身に言い聞かせています。

八段合格の秘密にはなっていませんが、審査のために特別に何かをするというのではなく、七段合格後からは、日頃の稽古姿が八段の先生方のレベルに近づけるようにと稽古をしました。これからも基本稽古を大切にしながら今まで以上に努力し、八段に恥じない剣道をめざし精進していきたいと考えています。

今なにをすべきか意識改革し稽古に取り組んだ

059

安部美知雄（山形県）

あべ・みちお／昭和23年山形県生まれ。酒田工業高から陸上自衛隊に入隊。都道府県対抗、全国自衛隊大会などに出場。現在、山縣県剣道連盟理事長。平成21年11月、八段合格

平成15年に自衛隊を定年で退官し、某企業に再就職のお世話をいただくことになったものの、果たしてこれまでどおり剣道を続けられる環境か否か不安でありましたが、幸いにもこれまで以上に稽古ができる環境に恵まれ、翌年の京都審査会から受審させていただきました。

最初の5年間は、「もう一歩の受審者」に3回ほど評価していただいたものの、一度も一次合格には至りませんでした。本来受審に当たっては、当然のこととして数年前から確たる信念と心構えを持ち、

十分な稽古量に裏付けされた技倆をもって臨むのがあるべき姿と思いますが、私の場合、前述のように再就職先の剣道環境の状況如何ということもあり、様子見のところもありました。ゆえに恥ずかしながら受審に対する事前の準備には不十分な面があり、これが最初の5年間の結果と深く反省しているところです。以下、参考になるかわかりませんが、私なりに受審にあたり取り組んだこと、心がけたことについて記述したいと思います。

誰もが審査相手と想定初太刀は必ず取る

剣道の最高位である八段審査を受審する態度として、軽率な判断での受審では不謹慎と思い、遅きに失した感は否めないものの、今の自分に足りないもの、何をしなければならないかを明らかにするため、自分なりに分析してみました。その結果、「①稽古量の不足（実技・理論）」「②基礎体力の低下」が挙げられました。②については後述しますが、私の1週間の稽古の予定は2回のスポーツ少年団での幼・少年への指導と終了後の30分程度のママさん剣士を中心とした指導者との地稽古、1回の地区外の出稽古先での幼・少年と指導者との地稽古、2回の駐屯地での自衛隊剣道部員及び稽古に通ってくる中・高生との基本稽古と地稽古が基準であり、その対象は幼・少年から一般までの幅広い層ですが、全般的には幼・少年への指導稽古がメインになりがちでした。

そこでこれらの稽古を維持しながら、上位の先生方にご指導をいただく機会を得るべく、機動隊への出稽古（最近は少なくなったのですが）、県剣道連盟などの合同稽古会及び講習会、地元剣道連盟などの月2回基準の合同稽古会、週1回の高齢剣友会の稽古会などに積極的に出向き、稽古の回数・量を増やすことに努力しました。また、剣道の質を高めるべく、漫然として時間を消化するだけの稽古内容とせず、たとえば稽古相手の対象が幼・少年、ママさん剣士、高齢者であっても目の前の相手は八段受審の立合相手と見立て「初太刀は必ず取る」「相手に優る気勢」を意識した稽古をしました。

週2回の自衛隊での稽古においては、一昨年あたりから地稽古前に行なう部員などの基本稽古に一緒に加わり、攻め、間合を考慮し、充分に気を溜めて捨て身で打ち切る打突を意識して、一刀一刀集中した打ち込みを行ないました。

また、実技の稽古とは別に、八段の先生方の修行にあたっての苦心談、審査にあたっての重視項目と心構え、修行の姿勢などを教示した書籍、その他、昇段審査及び剣道理論に関する書籍などに目を通し、実技面に加えて理論面の肥やしとしました。

心気力一致の打突は安定した足腰から生まれる

職場でのデスクワークが長く続いたこともあり、前述のとおり基礎体力が低下していることを、稽古を通じて認識していました。このままの体力に甘んじて受審しても無駄足になるだけと判断し、意識を改革した稽古の取り組みと併せ、「気剣体及び心気力の一致した打突をし得る安定した足腰をつくる」「機を見たら捨て身で打ち切る勢いを磨く」ための土台づくりを始めました。

そのために、ランニングまたはウォーキング（冬期間は室内において市販の器具を使用）、腕立て伏せ・腹筋・背筋のトレーニング、素振り（市販の重量1kgの素振り用竹刀、通常使用の竹刀、木刀を使い分けて、本数はとくに決めず、姿見で姿勢をチェックしながら）を出勤前の日課としたほか、週1回を基準にスポーツセンターに通い、ウェイトトレーニングを行ないました。

ウォーキング時には、社会体育指導員養成講習会の授業で現東京都剣道連盟副会長であります岡村忠典先生に紹介していただいた足首、手首への重りを巻いての負荷をかけたウォーキングを実践し、今もそれを続けています。さらに毎年6月に地元で開催されていますマラソン大会にハーフまたは10kmに出場し、その時期の持久力を検証しました。もちろん、この大会出場のために行なった雪解け以降から大会前のランニングもよいトレーニングになりました。

これらの筋力トレーニングが稽古の後押しになっていることはいうまでもありません。高段者は元立ちに立つ機会が多く、その相手も高段者または高段者をめざす方が相手になります。稽古時間は1時間程度かそれ以上になる場合もありますが、時間の長短、寒暖など稽古の環境にかかわらず、最後まで凛とした態度で振る舞う必要があると思います。まして八段ともなればなおさらです。そのためにも剣道の稽古と併せ、基礎体力を維持することは重要なことと私は思っています。

しかしながら、高齢になるに従い体力は低下する一方で、体力のみに委ねた剣道は長く続くものではなく理に適った剣道を追求すべきことは論をまたないところです。八段となった今、その点についてはまだまだ未熟であり、今後、高段者を何人相手にしても凛とした立ち振る舞いができるよう、さらに精進しなければと思っております。

立合前に心がけたこと
急がず、溜めて引き出して打つ

この度の審査を受審するにあたり「相手に優る気勢」「捨て身で打ち切る」「打ち急がず溜めて引き出して打つ」の三点を強く意識して臨みました。これまでの審査では有効打突を意識するあまり、打つべき好機を見誤り身勝手な打突に走り、結局、初太刀で有効打突を決められないことが多かったように思います。昨年の京都審査会では一次に合格はしたものの、やはり二次では同様の結果でした。今回はこれを反省し、とくに三番目の「攻めて、打ち急がず、充分に溜めて相手を引き出して打つ」ことに心がけました。思いのとおりにできたか否かについては無我夢中の立合であり、自分で判断できる余裕はなく定かではありませんが、今までとは違う何かが出せたのかなと思っています。

以上、八段審査受審にあたり私が取り組んだこと、心がけたことについて意のままに記述しましたが、参考になることがあれば幸いです。最後に、これまでにご指導をいただきました諸先生方、地域・職場の剣道仲間、少年団の団員・ご父兄、そして今回山形からともに防具を肩に上京し、くしくも一緒に合格した良きライバル・良き剣友であります下山先生に深く感謝申し上げます。

本書は月刊剣道時代の特集に掲載された原稿を加筆・修正したものです。
【初出】剣道時代2008年４月号『八段審査合格の秘密７』
剣道時代2009年４月号『八段審査合格の秘密８』
剣道時代2010年４月号『八段合格の秘密９（前編）』
剣道時代2010年５月号『八段合格の秘密９（後編）』

剣道《けんどう》 昇段《しょうだん》への道筋《みちすじ》　上巻

発　行　平成28年４月25日　初版第１刷発行
編　者　剣道時代編集部
発行者　橋本雄一
編　集　株式会社小林事務所
協　力　寺岡智之
発行所　株式会社体育とスポーツ出版社
〒101-0054　東京都千代田区神田錦町1-13宝栄錦町ビル3F
TEL 03-3291-0911
FAX 03-3293-7750
http://www.taiiku-sports.co.jp
印刷所　三美印刷株式会社

検印省略　©2016 KENDOJIDAI
乱丁・落丁はお取り替えいたします。定価はカバーに表示してあります。
ISBN978-4-88458-297-5
C3075 Printed in Japan